Wolfgang Benicke,
Andrea Kampmann

Ab in die Ferien

Toskana

Urlaubsspaß für die ganze Familie

BRUCKMANN

Inhalt

PISA

PROVINZ LIVORNO

CHIANTI

ETRUSKERLAND

Vorwort

Malerische Zypressenalleen, Dörfer, die im Mittelalter steckengeblieben sind, und die prachtvolle Stadt Florenz – das alles sind die Bilder, die wir mit der Toskana verbinden. Doch die Toskana zeichnet sich auch durch eine abwechslungsreiche Küstenlandschaft aus – ein genialer Mix aus Kultur- und Badeurlaub erwartet uns!

Die Toskana stellt eine grandiose Mischung aus städtischer Kultur und lieblicher Landschaft dar. Sie strahlt eine Anziehungskraft aus, die berühmte Künstler in ihren Bann zog oder selbst hervorbrachte. Wir finden hier eine Region, die einerseits weltoffene Urbanität, aber auch Unberührtheit verspricht und doch beides nie so ganz erfüllt. Sogar die Metropole Florenz hat ihre ganz dörflichen Seiten und viele kleine Dörfer ihre städtischen. Es scheint, als ob Stadt und Land nirgendwo so eng verwoben sind wie hier.

Über die Toskana ist schon so gut wie alles gesagt und geschrieben worden. Daher macht es keinen Sinn, dies alles nochmals zu wiederholen. Deswegen

Es kann losgehen! Die wichtigsten Dinge für den Strand haben wir! Delfin und LuMa!

beschreibt dieses Buch Sehenswürdigkeiten und Attraktionen für Kinder und erzählt auch von unbekannteren Dingen.

Als wir vor vielen Jahren mit unseren Eltern Jahr für Jahr am Meer waren, gab es die Vereinbarung: einen Tag wir, einen Tag ihr. Das hieß, einen Tag Kirchen und Museen, einen Tag Strand.

Diese können wir bis heute noch besichtigen, die Strände sind auch immer noch so schön wie damals. Was sich geändert hat, ist, dass heute Museen darauf eingestellt sind, Kunst auch Kindern zu erklären und sich mit einem Leonardo da Vinci aus ihrer Sicht zu beschäftigen. Die Auswahl der Strände in vorliegendem Buch erfolgte nach ihrer Lage und Familientauglichkeit. Daneben finden wir heute eine große Zahl an Attraktionen, die jedes Kinderherz höher schlagen lassen. Die Geschichte von Pinocchio hat sich zu einem Themenpark entwickelt. In Cecina und Follonica sind grandiose

... und Wellen kann es gar nicht genug geben.

Aqua Parks entstanden, mit bis zu 40 Meter hohen Rutschen. In der Toskana tummeln sich hier Dinosaurier und Esel, dort wilde und bronzene Schweine.

Unterwegs, am Meer oder im Land, begegnen uns so viele kleine Geschichten und Besonderheiten. Da haben die Etrusker tiefe Hohlwege angelegt, die fast ein bisschen gruselig sind. Dort hat einer einen Regenbogen im Wald aufstellen lassen, da hat Nikki de Saint Phalle die Tarotkarten plastisch dargestellt und im Turm selber gewohnt.

Überall gibt es etwas zu entdecken in der Toskana. Wir können in Montecatini mit der Standseilbahn fahren und vorne neben dem Schaffner draußen stehen. Im Süden gehen wir bei Mondschein in warmen Quellen baden, wie schon vor fünfhundert Jahren die Medicifürsten.

Dieses Buch soll nicht mit langatmigen Texten zur Geschichte und Kultur andere Reiseführer ersetzen. In knapper Form stellt es über 60 Sehenswürdigkeiten vor, die jeden Familienurlaub in der Toskana bereichern.

Wissenswertes über die Toskana und ihre Bewohner

Die Region Toskana liegt zwischen der Provinz Emilia-Romagna im Norden, Umbrien im Osten, Latium im Südosten und Ligurien im Nordwesten und erstreckt sich über eine Fläche von insgesamt 22 992 Quadratkilometern. Dies entspricht knapp acht Prozent der gesamten Fläche Italiens. Die Toskana ist somit die fünftgrößte Region des Landes.

Man bezeichnet die Toskana auch als Nahtstelle zwischen Nord- und Mittelitalien, die wirtschaftlich gut dasteht. Im Norden befinden sich größere Städte mit florierender Wirtschaft, allen voran Florenz. Im Süden ist die Landwirtschaft der wichtigste wirtschaftliche Faktor. Hier finden wir keine großen Städte, dafür wunderschön erhaltene alte Orte mit großer Geschichte. Allen voran steht hier Siena.

Kulturell bestimmen die großen Städte die Aufteilung des Landes. In **PISA** mit seinem Domkomplex aus dem 11. Jahrhundert beginnt die kulturelle Blüte. **SIENA** entwickelt sich im 13. Jahrhundert zur gotischen Perle der Toskana. **FLORENZ** schließlich, obwohl schon sehr reich, sichert sich als Hauptstadt der Renaissance erst im 15. Jahrhundert seinen Platz in der Geschichte. Jede Toskanareise wird zu diesen drei Orten führen, weshalb sie auch in diesem Buch je ein eigenes Kapitel erhalten.

Im **ARNOTAL** prägen alte Handelsstädte das Bild der Toskana. Dort wurde die Vespa erfunden, Pinocchio geschrieben. **LIVORNO** steht für Toleranz und Weltoffenheit. Sein Hafen war und ist für die Toskana das Tor zur großen Welt, dementsprechend lebensfroh sind

Unscheinbare Schafe geben die Milch für den in der Toskana gerühmten Schafskäse, den Pecorino.

die Stadt und ihr Umland. Im CHIANTI setzen die Weinberge die Akzente. Hier sehen wir die Bilderbuchtoskana. Sanfte Hügel, Weinberge und Olivenhaine, die wir zum Beispiel auf einer gemieteten Vespa erfahren können. Im Süden der Toskana beherrscht ein erloschener Vulkan die Landschaft, der MONTE AMIATA. Nördlich von ihm, in der sogenannten Crete, sind die Böden lehmig und mit endlosen Weizenfeldern bedeckt, die im Frühjahr vom Mohn rot eingefärbt werden. In diesem weitläufigen, gewellten Land liegen kleine malerische Orte und grandiose Klöster, heiße Quellen, in denen wir nach Lust und Laune baden können und der eine oder andere Tipp für einen guten Tropfen oder eine schöne Wanderung. Ein Kapitel widmet sich dem Land südlich des Amiata. Die ETRUSKER haben in diesem Teil der Toskana grandiose Spuren ihrer kulturellen Blüte hinterlassen.

Florenz ist und bleibt die Wiege der italienischen Renaissance.

Die Toskana bietet uns insgesamt dreihundert Kilometer SCHÖNSTE STRÄNDE. Sie reichen vom mondänen Seebad Forte dei Marmi im Norden bis zu den unberührten Stränden der Maremma. So ist eine Beschreibung der Strände in diesen Teilen der Toskana Pflicht. Vor der Küste liegt die INSEL ELBA. Sie soll uns einen Tagesausflug wert sein.

Gastfreundlichkeit

Italien lebt seit Jahrhunderten vom Tourismus und hat ihn als Einnahmequelle angenommen. Das Land kennt aber auch Auswanderung und alle möglichen Kulturen und Herrschaften, die als Eroberer kamen. Mit denen galt es, sich zu arrangieren. So etablierte sich eine Form der Fremdenfreundlichkeit, die zwischen Nutzen und echter Gastfreundschaft keinen Unterschied kennt. Italiener reden gerne auch mit den Händen. Wer sich ebenso flüssig händisch und füßisch im italienischen Vokabular bewegt, dem kann in Italien nichts passieren. Manche sprechen aber auch deutsch, manche, vor allem die Jüngeren, eher englisch.

Kinder gelten in Italien sehr viel. Das heißt nicht, dass an jeder Ecke ein pädagogisch wertvoller Spielplatz zu finden ist oder Kinder alleine über die Straße gehen können. In dieser Hinsicht unterscheidet sich Italien sehr stark von Deutschland. Kinder werden in Italien in das Leben der Erwachsenen integriert, nehmen daran ganz selbstverständlich im Rhythmus der Erwachsenen teil. In Italien können wir daher jederzeit im Restaurant oder am Strand andere Familien oder den Wirt ansprechen, wenn eine Windel fehlt oder die besondere Spaghettisauce auf der Karte nicht zu finden ist.

In der Toskana finden sich vornehmlich Attraktionen und Einrichtungen, die auch von den Erwachsenen gerne besucht und genutzt werden, wie die Aqua- und Freizeitparks. Daneben gibt es eine Reihe von privaten Einrichtungen, die sich auf Kinder spezialisiert haben und mit viel Liebe und Engagement betrieben werden, wie die kleine Eselfarm bei Pisa.

In jüngster Zeit hat sich im kulturellen Bereich für Kinder enorm viel getan. Wurden früher die klassischen Stätten und Museen im Rahmen der Schulausflüge geradezu abgehandelt, werden heute hervorragende museumspädagogische Programme für größere Kinder und Jugendliche angeboten. Dies natürlich vorrangig in den Städten, allen voran Florenz und Siena.

Auf kleine Kinder sind die Städte und das Landesinnere nicht immer ideal vorbereitet. Zwar wird jeder Wirt ein Fläschchen warm machen, aber einen Wickeltisch sucht man oft vergebens.

Beste Reisezeit

Die Toskana ist das ganze Jahr eine Reise wert, wobei der Winter im Museum und Restaurant am gemütlichsten ist. Grün und in Blüte steht die Landschaft von März bis Mai. Heiß, aber stabil ist der Sommer. Und im Herbst reifen nicht nur die Trauben des Chianti. Setzen die Schulferien die Termine fest, bieten sich die Pfingst-, Sommer oder Herbstferien an. In den Osterferien bis Mitte April kann es noch empfindlich kühl und windig sein. Sind die Herbstferien erst Ende Oktober, kann es schon richtig stürmisch sein und starker Regen den Spaß verderben. Baden im tyrrhenischen Meer ist ab Mitte Juni bis spät in den Herbst hinein mit herrlich warmem Wasser möglich. Im Sommer kann es sehr heiß werden. Die Städte sind ausgestorben, alle sind am Meer. Mit Kindern bietet sich da nur eines an: auch ans Meer fahren! Dort ist natürlich Hauptsaison, aber Italiener sind gerne in Gesellschaft, und so stören die vielen Leute nicht, sondern geben das Gefühl, hier genau richtig zu sein.

Verkehr und Anreise

Florenz ist sowohl über die Autobahn als auch die Eisenbahn bestens mit dem Norden verbunden. Die Autobahnen über den Brenner oder über den Gotthard treffen sich in Bologna und führen über den Apennin nach Florenz.

Von Florenz führt eine kostenfreie Schnellstraße nach Siena und eine kostenpflichtige Autobahn nach Pisa und die Küste hinauf und hinunter. Alle Straßen sind gut ausgebaut und instand gehalten.

In den Städten wird der Platz ideal ausgenutzt. Kein Zentimeter wird verschenkt. Dazwischen wirbeln unzählige Motorroller in den Lücken zwischen den Autos. Hier ist Autofahren Geschmacks- und Nervensache. Die großen Städte wie Florenz beschränken den Verkehr mittels einer ZTL, einer *Zona a traffico limitato*, also einer Zufahrt nur mit Bewilligung. Wer in Florenz ins Hotel fahren möchte, muss dieses vorher anrufen und seine Autonummer durchgeben. Diese wird dann der Polizei übermittelt, die sie an die Kontrollkameras weiterleitet. Wer jetzt noch lächelt, dem wird dies bei Bußgeldern, die mühelos bis 400,- (vierhundert!) Euro reichen, schnell vergehen.

In den Städten gibt es weiße, gelbe und blaue Striche auf dem Boden. Weiß bedeutet, dass umsonst geparkt werden darf, gelb sind Sonderparkplätze etwa für Behinderte, hinter blau versteckt sich immer ein Parkautomat.

Das Chianti: bekannt für seine sanften Hügel und seinen leckeren Wein.

Oben: Sehnsucht nach dem Süden: Im milden toskanischen Klima wachsen Granatäpfel.

Urlaub ist immer ein bisschen anders: Irgendwie und irgendwo findet sich immer ein Fahrrad auf dem Campingplatz.

Auf Autobahnen darf maximal 130 km/h gefahren werden, bei Regen und schlechter Sicht gilt automatisch ein Tempolimit von 110 km/h. Innerhalb von Ortschaften gilt Tempo 50, über Land 90. Wohnmobile und Gespanne dürfen maximal 80 km/h fahren. Außerhalb der Orte muss auch tagsüber mit Abblendlicht gefahren werden. Italien hat die Promillegrenze auf 0,5 gesenkt. Kontrolliert wird oft in der Hauptsaison und am Wochenende. Die Strafen sind drakonisch! Bei Unfällen oder Pannen unbedingt die Warnweste überziehen, bevor man das Auto verlässt.

Zwei Flughäfen gibt es in der Toskana, Florenz und Pisa. Florenz wird von wenigen, Pisa von fast allen Fluggesellschaften aus ganz Deutschland angeflogen. Dort erhalten wir auch alle gängigen Mietwagen zu guten Konditionen.

Unterkunft

Die Toskana ist touristisch bestens erschlossen. Ob am Meer, in den hübschen Orten oder auf dem Land, wir finden überall schöne und gepflegte Unterkünfte in allen Preisklassen. Im Sommer ist am Meer Hauptsaison, im Frühsommer und Herbst im Landesinnern. Günstig sind die relativ jungen B&B mit guter Ausstattung, meist mit Küche. Sie eignen sich, wenn wir die Unterkunft auf einer Rundreise öfter wechseln wollen. FERIENWOHNUNGEN können in der Hauptsaison nur mindestens wöchentlich gemietet werden, sie verfügen immer über eine Küche. Eine elegante Unterkunft bietet ein AGRITURISMO. Das bedeutet so viel wie Urlaub auf dem Bauernhof ohne Kühe. Schöne Zimmer, gutes Essen, herrliche Lage, oft ein kleiner Pool, das sind typische Merkmale dieser alten Gutshäuser. Für Kinder bilden sie ein schönes Zuhause auf der Reise. In der Regel liegen sie aber abseits und alleinstehend, sind also ohne Auto nicht erreichbar. Wer lieber am quirligen Leben in einem der hübschen Orte der Toskana teilnehmen möchte, dem sei eine Ferienwohnung oder ein B&B empfohlen. Diese liegen fast immer in der Altstadt und so können wir am Leben im Ort teilhaben und auf dem *Corso* oder der *Piazza* mal eben ein Eis holen oder einen *Caffè Espresso* trinken. Am Meer gibt es außerdem zahlreiche CAMPINGPLÄTZE in schöner Lage inmitten der Pineta mit herrlichen Stränden und guter Ausstattung auch für Kinder. Wer in den Sommermonaten und Hauptsaison reist, sollte unbedingt vorher reservieren. Hilfreich sind die Websites www.booking.com, www.venere.it, www.agriturismo.it und www.airbnb.com.

Kriminalität

Gelegenheit macht Diebe; mit diesem Motto können wir die Gefahr eines Diebstahls am besten beschreiben. Wer fahrlässig mit seinen Wertsachen umgeht, riskiert auch einen Verlust. Wer jedoch normale Vorsichtsmaßnahmen einhält, wie sie auch in Deutschland zu berücksichtigen sind, braucht in der Toskana nichts zu befürchten.

Nirgendwo gelingt der Sandkuchen besser als an den Stränden der etruskischen Küste.

Krankheit

In Italien ist jeder Bürger staatlich krankenversichert. In einem bilateralen Abkommen garantiert Italien allen EU-Bürgern uneingeschränkten Zugang zum Gesundheitssystem. Allerdings sind die Leistungen ohne Zusatzversicherung recht einfach. Im Falle eines Unfalls oder einer zu behandelnden Wunde wenden wir uns auf Campingplätzen, Ferienanlagen oder kleinen Orten an die medizinische Ambulanz. In größeren Orten mit einem Krankenhaus, dem *Ospedale*, ist die Notaufnahme, der *Pronto Soccorso*, für die Erstversorgung zuständig. Dieser kostet 15 € Gebühr und entspricht der Notfallambulanz in Deutschland. Um sorglos zu reisen, empfiehlt es sich in jedem Fall, für kleines Geld eine Auslandskrankenversicherung abzuschließen.

Baden

Zu einem Italienurlaub gehört das Meer wie die *Pasta*, das *Gelato* und der *Vino*. Das toskanische Küstengebiet gehört zum Tyrrhenischen Meer, welches wiederum Teil des Mittelmeeres ist. Das Tyrrhenische Meer erstreckt sich zwischen der Westküste Italiens und den großen Inseln Sizilien, Sardinien und Korsika sowie den kleineren Inseln des toskanischen Archipels Elba, Giglio, Capraia, Gorgona, Giannutri und Montecristo.

Wer italienisch baden möchte, mietet sich ein Plätzchen am Strand mit Sonnenschirm, Liegestuhl und Umkleidekabine. Die italienische Badeanstalt wird *stabilimento balneario*, kurz *bagno* genannt. Ein *bagno* hat einen kleinen Hochsitz mit Fahnenmast, dort wacht der *bagnino*, der Bademeister. Zu einem gut ausgestatteten *bagno* gehört auch eine *Snackbar*, in der man zwischendurch eine kühle Erfrischung oder einen *Cappuccino* schlürfen kann. Oft ist einem *bagno* auch ein richtiges *Ristorante* angeschlossen. Der Service dieser Badeanstalten ist natürlich nicht kostenlos. Die Anmietung eines Liegeplatzes kostet in der Regel zwischen 15 und 20 € pro Tag. Bei wochenweiser Anmietung wird es etwas günstiger.

Möchten wir auf den Service dieser Badeanstalten verzichten, können wir uns natürlich auch an einen kostenfreien Strandabschnitt legen, *spiaggia libera* genannt. Die Anzahl der freien Strandabschnitte ist von Region zu Region unterschiedlich. Vor allem an der Küste der VERSILIA im Norden der Toskana finden wir fast ausschließlich Badeanstalten und wenige kostenfreie Strandabschnitte, im Süden dagegen fast ausschließlich freie Strände.

Gefahren am Meer und in den Bergen

In Italien gilt die Regel: *Con il mare non si scherza*. Mit dem Meer scherzt man nicht. Das Mittelmeer hat nur ca. 40 Zentimeter Tidenhub. Das führt dazu, dass weder Ebbe noch Flut eine große Sogwirkung aufs offene Meer haben. Entlang von Felsen und Riffen können allerdings Querströmungen auftreten. Ist der Seegang nicht hoch, kann das Mittelmeer aber insgesamt wie ein Badesee eingestuft werden. An Badeanstalten ist grundsätzlich mit roter oder grüner Fahne signalisiert, ob man baden darf, außerdem gibt es einen Bademeister. Meist ist dort auch mit Schwimmbällen der gesicherte Bereich abgesteckt. Aber so sicher und gesichert die Strände auch sind, so dürfen wir doch nie vergessen, dass es ein Meer ist und damit bis zu einem gewissen Grad unberechenbar bleibt.

Im Gebirge gilt Ähnliches: Wir finden in der Toskana weder extreme geografische noch klimatische Bedingungen vor und es gibt kaum gefährliche Tiere. In den Bergen finden sich zwar die giftige Kreuzotter und die Hornviper, diese können aber nur im Frühjahr und Herbst gefährlich werden, wenn sie sich auf Steinen aufwärmen und nicht fliehen können. Zecken gibt es wie überall mit den gleichen Risiken. So ist auch hier anzumerken, dass wir uns auf allgemeine Gefahren und Risiken einstellen müssen, die aber nicht außerhalb unserer Erfahrung liegen. In der Maremma können Skorpione vorkommen. Im Meer gibt es an manchen Stellen Seeigel, deren Stacheln spröde sind und leicht abbrechen. In die Reiseapotheke sollte daher unbedingt eine Zugsalbe und eine Pinzette. Im späteren Sommer kann es Quallen geben. Die Berührung der Tentakel führt zu stechendem Schmerz. Auch hier sollten wir eine entsprechende Salbe dabeihaben.

Ferien! Heute genießen wir den Tag am Meer.

Wanderungen

Die in diesem Buch aufgeführten Wanderungen bilden eine winzige und subjektive Auswahl der möglichen Touren in der Toskana. Sie wurden passend für Familien mit Kindern ausgewählt, um an den geeigneten Orten das Erlebnis der Schönheit des Landes um ein paar Schritte zu bereichern. Alle

NOTRUFNUMMERN IN ITALIEN

Polizei: 113

Carabinieri (eine besser gekleidete Polizei in Italien): 112

Ambulanz: 118

ACI Automobilclub Italien: 800/11 62 00

ADAC Deutschland: +49/89/22 22 22

Informationen zur aktuellen Lage in Italien erteilt das italienische Fremdenverkehrsamt:

Frankfurt: +49/69/23 74 34

Wien: +43/1/505 16 30-14

beschriebenen Wanderungen sind einfach zu finden und zu gehen. Normales, festes Schuhwerk ist daher ausreichend. Wer ausführlicher wandern möchte, dem sei der »Wanderführer Toskana« aus dem Bruckmann Verlag mit 40 Touren von Andrea Kampmann und Dirk Liehr empfohlen.

Essen und Trinken

In Italien essen wir am liebsten *Pasta* oder *Pizza*. Die Pasta mit einer Sauce nach unseren Wünschen, die Pizza mit leckerem Belag. Am Meer mit viel Fisch und *Frutti di Mare*, im Land mit vielen Pilzen und Schinken, *funghi e prosciutto*. Daneben hat jede Region ihre speziellen Gerichte. Von Fisch bis Wild, von Pilzen bis grünem Spargel, von Artischocken bis Kastanien finden wir alles. An der Küste werden natürlich Fisch und Meeresfrüchte angeboten, die Berge bieten Pilze und Gemüse. Florenz ist berühmt für sein Steak, die *Bistecca Fiorentina*, Livorno für seinen Fischeintopf, den *Cacciucco*, in Siena gibt es das Gewürzbrot *Panforte* und den Brotsalat *Pappa al pomodoro* und im Chianti essen wir handgemachte Nudeln, die *Pici* mit Wildschweinsauce. Die klassische Speisenfolge im Restaurant, die der Italiener aber selbst nur zu großen Festen einhält, ist: Vorspeise, *antipasto*, erster Gang, *primo piatto* aus Suppe, Reis- oder Nudelgericht, ein Hauptgericht, *secondo piatto*, das aus Fleisch oder Fisch besteht, mit *contorno*, der Beilage, die meist dazubestellt werden muss, und *dolce*, ein Dessert. Danach trinken wir noch einen *Espresso*. Natürlich kürzt man die Speisenfolge, hier müssen wir aber beachten, ob wir in einem Restaurant, einem *Ristorante,* oder in einer *Trattoria* oder *Osteria*, also einem Gasthaus sind. Im *Ristorante* bestellen wir einzeln eher ein Hauptgericht, in Letzteren können wir auch nur einen Teller Nudeln essen und für Kinder ist es eigentlich nie ein Problem, die *Pasta*, also die Nudeln, mit einem *Sugo*, einer Sauce, nach Wunsch zu bekommen. Salate gibt es eigentlich nur als Beilage, aber in immer mehr Lokalen auch als schön angemachte, große Salatteller, *Insalatone*. In den Badeorten am Meer gibt es oft Selbstbedienungsrestaurants, die auch *Pizza* oder *Spaghetti* anbieten. Pizza gibt es in der Regel nur abends, dafür ist sie sehr lecker. In den Badeorten können wir die Pizza auch *a taglio,* also stückweise auf die Hand kaufen. Auf dem Land finden wir oft schöne kleine TRATTORIEN mit Holztischen und einfachen Gerichten.

Im Ristorante und in der Trattoria müssen meist ca. zwei Euro pro Person für *pane e coperto* (Brot und Gedeck) bezahlt werden. Der Preis ist auf der Karte angegeben. Die Rechnung bekommen wir immer für den ganzen Tisch, geteilt wird am Tisch. Sitzen wir am Tisch in einer Trattoria, bestellen wir *Acqua minerale gassata* (kohlensäurehaltig) oder *naturale* (ohne Kohlensäure). Säfte wie Apfel- oder Orangensaft kennt der Italiener in unserer Form nicht, ebenso wenig Schorlen. Cola, Fanta, Sprite, das ist neben Wasser das nichtalkoholische Angebot. Zur Pizza trinkt man in Italien gerne ein Bier. Bei den Rotweinen nimmt natürlich der *Chianti* eine Vorrangstellung ein. Die Preise der einzelnen Gerichte sind nicht sehr hoch. Da wir aber Beilagen extra bestellen müssen und auch das Gedeck extra kostet, und ja eigentlich ein Caffè am Ende nicht fehlen darf, kommt dann doch ein nettes Sümmchen zusammen. Pizza ist immer eine preiswerte Alternative. Das Frühstück ist in den Hotels ab einer gewissen Kategorie üppig und international mit Speck und Ei, in Pensionen schon einfacher mit *Cornetto*, Marmelade und Brötchen. Das Frühstück des Italieners ist für unsere Begriffe gar kein richtiges. Er geht in die nächste Bar und bestellt sich einen *Cappuccino* und ein *Cornetto*, ein Croissant. Den *Cappuccino* trinkt er nur bis elf, danach nur noch Espresso, kurz *un caffè*. Die Hauptessenszeit in Italien beginnt abends ab 20 Uhr. Daher empfiehlt es sich, schon um halb acht essen zu gehen, wenn die Lokale öffnen. In Italien wird mündlich reserviert, wir fragen also, ob und wohin wir uns setzen können.

Heiß wie die Hölle, schwarz wie der Teufel, rein wie ein Engel und süß wie die Liebe: der Espresso

Oben: Leckeres Eis finden wir in der Toskana zum Glück an jeder zweiten Ecke.

17

Typische Gerichte der Toskana

- **Acquacotta** heißt gekochtes Wasser und ist eine leckere Suppe aus Zwiebeln, Gemüse, Ei, Olivenöl und geröstetem Brot.
- **Arista alla fiorentina** heißt der Florentiner Schweinebraten, gewürzt mit Knoblauch und Rosmarin.
- **Bistecca alla fiorentina** ist ein bis zu drei Zentimeter dickes T-Bone-Steak vom Grill, das nur von den weißen Chianinarindern stammen darf. Der Preis wird pro *etto* (100 g) angegeben.
- Die **Bruschetta**, auch **fettunta** genannt, ist eine geröstete Brotscheibe mit klein gehackten Tomaten und Basilikum.
- Der **Cacciucco alla livornese** ist eine sämige Fischsuppe, die mindestens fünf Sorten Fisch und Meeresfrüchte enthält.
- Die **Cantuccini** sind harte Mandelbiskuits, die in vinsanto getaucht werden
- **Castagnaccio** heißt ein herzhafter Kuchen aus Kastanienmehl mit Rosmarin, Olivenöl und Pinienkernen. Er ist die Herbstspezialität in der Gegend um Lucca.
- **Crostini** sind geröstete Brotscheiben, mit einer Farce aus Hühnerleber bestrichen.
- **Fagioli all'uccelletto** sind leckere weiße Bohnen mit Tomaten und Salbei.
- Das **Panforte** ist ein Gewürzkuchen, der ebenso wie die **Panzanella**, ein Salat aus Landbrot, Tomaten, Gurken und Zwiebeln, aus Siena stammt.
- Die **Pappardelle** sind breite Bandnudeln, meist mit Ragout vom Hasen (*lepre*) oder Wildschwein (*cinghiale*) serviert. Sehr gut zu diesen Saucen passen auch **Pici**, handgerollte Eiernudeln, die typisch für Siena sind.
- **Ribollita** heißt die »Eingekochte«, eine deftige, über Stunden gekochte, eingedickte Suppe aus Brot, weißen Bohnen, Schwarzkohl und saisonalem Gemüse.
- Die **Trippa alla fiorentina** sind Kutteln mit Tomatensauce und geriebenem Parmesan.
- Die **Zuppa di farro** ist eine herzhafte Dinkelsuppe mit Bohnen, Kichererbsen und Tomaten, die besonders in der Garfagnana verbreitet ist.

Feste der Toskana

In Italien feiert man gerne. Am liebsten mit vielen Menschen, mit gutem Essen und vor allem mit Feuerwerk. Das darf auch gerne mal tagsüber abgebrannt werden. Die Toskana kennt zwei Arten von Festen. Die sogenannte SAGRA, eine Art Erntedankfest, und den PALIO, ein historisches Turnier. Mit dem Wort *Sagra* bezeichnen Italiener gastronomische Feste, vergleichbar unserer Erntedankfeste, die einem bestimmten, für den Ort typischen Produkt oder einem Gericht gewidmet sind, also allem, was lecker ist. Die Palette reicht von Artischocken oder Kirschen im Frühjahr bis zu Pilzen, Wildschwein oder Trüffel, die im Herbst Hauptsaison haben.

Die Turniere stehen alle im Schatten des PALIO IN SIENA, dieses einmaligen Pferderennens, das kein Pardon kennt: nicht mit den Pferden, nicht mit den Reitern, nicht mit den Zuschauern. Hier ist alles echt, auch, dass es für über 10 000 Zuschauer keine, nicht eine einzige, Toilette gibt.

Im Sommer katapultieren sich die kleinen Orte der Toskana für ein oder zwei Wochen in die Zeit ihres größten Ruhmes zurück: das Hochmittelalter, als mit der Frankenstraße die große Nord-Süd-Verkehrsachse einmal längs durch die Toskana nach Rom führte und die Städte reich und wichtig

Italiens Fahne: Grün steht für das Gras der Ebenen, weiß für den Schnee der Berge und rot für das Blut der Helden.

waren. Gaukler und Zauberer, Handwerker und Soldaten, Fahnenschwinger und Herolde lassen in den Gassen und auf den Plätzen der Städte diese Welt in einer Weise wiederauferstehen, dass man sich tatsächlich auf einer Zeitreise glaubt – wenn da nicht das Parkplatzproblem wäre!

FLORENZ

1 Der Dom mit Campanile und Baptisterium

Santa Maria del Fiore, das Wahrzeichen der Stadt

Die Geschichte der Menschheit kostbar in Gold und Stein gelegt.

Der Florentiner Dom ist die viertgrößte christliche Kirche der Welt und überragt mit seiner Kuppel weithin sichtbar die Dächer der Stadt. Zusammen mit dem Baptisterium aus dem 11. Jahrhundert und dem eleganten Campanile Giottos bildet der gewaltige Körper des Domes das architektonische wie geistige Herz der Stadt.

Öffnungszeiten: Dom 10–17 Uhr, Sonn- und Feiertage ab 13.30 Uhr, keine Besichtigung während der Messe; Turm täglich 8.30–19.30 Uhr; Kuppel Mo bis Fr 8.30–19.30 Uhr, Sa bis 17.40 Uhr, Sonn- und Feiertage geschlossen
Preise: Dom Eintritt frei; 15 € Sammelticket für Dom, Kuppel, Turm, Baptisterium und Dommuseum, 24 Stunden gültig
Alter: Ab 6 Jahre
Informationen: Opera di Santa Maria del Fiore di Firenze, Via della Canonica 1, 50122 Firenze, Tel. +39/055/ 230 28 85, www.operaduomo.firenze.it

Von außen ist der Dom, wie das Baptisterium, mit weißem Carrara-Marmor und grünem Marmor aus Prato, dem Serpentin, verkleidet. Die Vorderfront erhielt erst 1887 ihre neugotische Fassade. Mit einer Länge von 153 Metern und einer Breite von 38 Metern können vier- bis fünftausend Menschen im Dom Platz finden. Die große rot geziegelte KUPPEL DES DOMS hat einen Durchmesser von 45 Metern und ist 107 Meter hoch. Das Kuppelgewölbe ist innen mit Fresken bemalt, die das Jüngste Gericht darstellen und die auch für Kinder deutlich lesbar sind. Der Aufstieg zur Domkuppel ist für die Kinder ein besonderes Erlebnis. Nicht nur der sagenhafte Blick über die Stadt aus 100

Metern Höhe belohnt für die Mühe, sondern auch der Aufstieg selbst, zwischen den beiden Schalen, wenn die Treppe immer schräger wird, ist spannend!

An der Südseite des Doms erhebt sich der 84 Meter hohe Glockenturm, der CAMPANILE. Entworfen wurde der Turm vom Maler Giotto, der jedoch vor der Fertigstellung starb. Er gilt aufgrund seiner harmonischen Proportionen und Farbigkeit als einer der schönsten Italiens. Den unteren Teil schmücken 54 Flachreliefs aus der Schule Andrea Pisanos, in den Nischen darüber stehen Heiligen-, Propheten- und Sibyllenstatuen von Donatello. Die Reliefs zeigen und repräsentieren den Stolz des Menschen der Renaissance: Der Zyklus beginnt an der Westseite mit der Schöpfungsgeschichte und ist in seiner klaren Bildsprache wie ein Bilderbuch für größere Kinder gut entzifferbar. Vom Sündenfall zur Arbeit gezwungen, schafft es der Mensch, durch Fleiß und Verstand aus der Arbeit erst Nutzen und Gewinn zu ziehen, sich dann zu den sieben freien Künsten wie der Mathematik und Astronomie hinaufzuschwingen, die schließlich in der

SCOPPIO DEL CARRO

Am Ostersonntag fährt ein riesiger Karren, der von zwei mit Blumen geschmückten Ochsen gezogen und von traditionell gekleideten Soldaten, Musikanten und Fahnenschwingern begleitet wird, vor dem Dom, während im Inneren des Doms noch die Messe gehalten wird. Nach der Messe wird eine Plastiktaube aus dem Dom mit einer Rakete an einem dünnen Drahtseil auf den Karren geschossen und entzündet den mit Feuerwerkskörpern beladenen Karren, was dem Ereignis den Namen *Scoppio del Carro*, auf Deutsch »die Karrenexplosion«, eintrug. Der traditionelle Brauch soll auf den ersten Kreuzzug zurückgehen. Der Florentiner Pazzino de' Pazzi nahm am Kreuzzug teil und erklomm als erster die Mauern Jerusalems. Als Belohnung erhielt er drei Steinsplitter aus der Grabstätte Jesu Christi, die er mit nach Florenz nahm. Von diesen Steinen wurden dann Fackeln entzündet, die die jungen Männer aus Florenz durch die Stadt getragen haben. An die Funken aus den Steinen erinnert heute das Feuerwerk.

obersten Reihe von den nicht mehr materiellen Tugenden, nämlich den Sternen, die unser Leben bestimmen, und den Sakramenten, die unser Leben weihen, bekrönt werden. Exemplarisch sehen wir auf der Südseite ein Relief mit einem Webstuhl als Zeichen des Wohlstands, der Architektur als Zeichen des Fortschritts und der Astronomie als Zeichen der Freiheit. 414 Stufen führen im Inneren auf den Turm – der Ausblick ist fantastisch!

Gegenüber dem Dom steht das BAPTISTERIUM, einer der frühesten Florentiner Bauten. Ganz schlicht präsentiert sich der Bau, der seine Funk-

tion und seinen Schmuck erst innen offenbart. Die Taufkirche, in der bereits Dante getauft wurde, wurde wahrscheinlich zwischen 1059 und 1150 errichtet. Eine Besonderheit sind die drei Eingangsportale mit kostbaren Bronzereliefs, welche die Geschichte und Erlösung der Menschheit bildlich darstellen. Das Südportal wurde 1336 von Andrea Pisano gestaltet und stellt Stationen aus dem Leben Johannes des Täufers dar, dem diese Kirche gewidmet ist. Das Nordportal wurde 100 Jahre später von Lorenzo Ghiberti errichtet und zeigt in 28 Feldern Geschichten aus dem Leben Christi. Das Paradiestor an der Ostseite des Gebäudes ist ein wahres Meisterwerk von Lorenzo Ghiberti. Die Tür zeigt zehn Begebenheiten aus dem Alten Testament. Über 25 Jahre benötigte Ghiberti für die Fertigstellung dieses außerordentlichen Werkes. Den Innenraum des Baptisteriums zieren prachtvolle Mosaikarbeiten von venezianischen Steinschneidern und zeigen die Geschichte der Welt von den Anfängen bis zum Ende. An der Decke oberhalb der Chornische befindet sich die Hölle, in der Satan gerade einen bösen Menschen frisst. Eine sehr beeindruckende Geschichte der Welt aus christlicher Sicht!

Wie ein riesiges Schiff schiebt sich der Dom mit seiner Kuppel durch die Stadt.

Oben: Der Erbauer Filippo Brunelleschi blickt auf seine Domkuppel.

HEY KIDS, der Glatzkopf auf der rechten Tür des PARA-DIESTORS, der vierte von oben, ist der Künstler Ghiberti selbst.

2 Markt um San Lorenzo

Schönes und Leckeres kaufen und essen

Mercato Centrale heißt die große, 1784 errichtete Markthalle, die sich neben der Kirche San Lorenzo befindet. Sie ist ein wahres Eldorado für kulinarische Genießer.

Die Auslagen der Stände sind appetitlich anzusehen, das Angebot ist riesig. So bietet die MARKTHALLE eine Leistungsschau der italienischen Landwirtschaft und vermittelt uns und den Kindern einen schönen Einblick in die Vielfalt der italienischen Küche. In allen vier Ecken der Halle gibt es je eine günstige und sehr gute Imbissgelegenheit mit *Pasta*, leckerem Spanferkelschinken, *Porchetta* im Brötchen oder frittiertem Fisch.

Von Orangen aus Sizilien bis zu Äpfeln aus Südtirol gibt es hier alles.

Rund um die Kirche San Lorenzo und den Mercato Centrale haben die LEDERHÄNDLER ihre Stände aufgestellt. Hier finden wir Jacken und Taschen aus Leder in allen Formen, Schnitten und Farben – viel Kitsch, aber auch schöne Designs und pfiffige Ideen. Es ist wohl noch keiner aus Florenz wieder weggefahren, der hier nicht sein persönliches Andenken gefunden hätte.

Wenn nach dem Shoppen noch etwas Zeit für Kultur bleibt, sollten wir die CAPELLA MEDICEA neben San Lorenzo besuchen. Hier befindet sich Michelangelos Neue Sakristei. Reine Form bestimmt den Aufbau des Raums, in grau und weiß gegliedert. Sie dient als Mausoleum der ersten Medicifürsten mit den Allegorien der Tageszeiten. Diese sind unvollendet und damit wie an den Stein gebunden, aus dem sie sich scheinbar herausschälen.

Öffnungszeiten Markthalle: Mo bis Fr 7–14 Uhr, Sa bis 16 Uhr
Informationen: Piazza del Mercato Centrale, 50123 Firenze

Die Piazza della Signoria 3

Das Zentrum der Macht

Auf der Piazza della Signoria stehen drei berühmte Gebäude: der Palazzo Vecchio, die Uffizien und die Loggia dei Lanzi. Seit dem 14. Jahrhundert bildet dieser Platz das politische Zentrum der Stadt.

Auf dieser Piazza ist immer was los.

Auch heute noch ist der Platz stets bis spätabends voller Leben. Neben dem Palazzo Vecchio steht der von Bartolomeo Ammanatis entworfene marmorne **NEPTUN-BRUNNEN**, dessen Bau 1565 von den Medicis in Auftrag gegeben wurde und der die Seemacht der Toskana darstellt. Neben dem Brunnen steht Donatellos Löwe, der **MARZOCCO** mit dem Stadtwappen, der Freiheit und Kraft symbolisieren soll, sowie ein Reiterstandbild Cosimos I.

Öffnungszeiten Uffizien: Di bis So 8.15 bis 17.15 Uhr, Montag geschlossen
Preise: Erwachsene 14,25 €, Schüler und Studenten von 18 bis 25 Jahren 11 €, Kinder und Jugendliche bis 18 Jahre frei; Online-Buchung 3,75 €, Reservierungsgebühr 3 €
Informationen: Galleria Uffizi, Piazzale degli Uffizi 6, 50122 Firenze, Tel. +39/055/238 86 51, www.galleria-uffizi.it

HEY KIDS,
LANDSKNECHTE hießen in Italien Lanzichenecchi oder, da das Wort zu schwierig ist, einfach LANZI.

Schon in den Jahren 1376-82 ließ die Signoria, die Stadtverwaltung, die Loggia für Empfänge und zeremonielle Anlässe errichten. Man schreibt ihren Entwurf Orcagna zu, weshalb sie auch Loggia dell'Orcagna genannt wird; die heute noch übliche Bezeichnung LOGGIA DEI LANZI bürgerte sich ein, als Cosimo I. hier seine Söldnertruppe, die Landsknechte, unterbringen ließ. Die Halle ist frei begehbar und bietet sich geradezu an, hier eine Pause zu machen und in Ruhe den Platz mit seinen Gebäuden auf sich wirken zu lassen.

TURM DES PALAZZO VECCHIO

Ein tolles Erlebnis ist die Besteigung des Turmes des Palazzo Vecchio. Über den Dächern der Stadt stehen wir auf den Zinnen des Turms und schauen auf das Häusermeer. Wie ein riesiges Schiff fährt der Dom uns gegenüber auf gleicher Höhe durch die Häuserzeilen. Von keiner anderen Stelle ist die Kuppel beeindruckender als von hier. Vor allem müssen wir hier nicht anstehen!
Turmbesteigung: Erwachsene 10 €, Kinder und Jugendliche bis 18 Jahren frei, Schüler und Studenten bis 25 Jahre 8 €. Kinder dürfen allerdings erst ab 6 Jahren auf den Turm.

Der PALAZZO VECCHIO war und ist das Rathaus der Stadt. Mit dem Bau des mächtigen Gebäudes wurde 1299 begonnen, sechs Jahre nachdem die Zünfte die Macht vom Adel übernommen hatten. Vor dem Hauptportal des Palazzo Vecchio stehen eine Kopie des DAVIDS von Michelangelo sowie die Statue HERKULES UND CACCUS von Baccio Bandinelli. Sie stellen sozusagen die Torwächter dar. Die Statue des David von Michelangelo ist zwischen 1501 und 1504 als erste Monumentalstatue der Hochrenaissance entstanden und die wohl berühmteste Statue der Geschichte.

Nur einige Schritte vom Hauptportal des Palazzo Vecchio entfernt befinden sich die UFFIZIEN. Die Galleria degli Uffizi ist als größte Gemäldegalerie Italiens weltbekannt und bietet den Besuchern einen umfassenden Überblick über die italienische Malerei des 12. bis 17. Jahrhunderts. Die Fülle der Meisterwerke ist überwältigend. In 45 Sälen werden über 1500 Exponate ausgestellt, sowohl Gemälde als auch antike Skulpturen und Gobelins. Zu den vielleicht bedeutendsten Kunstwerken gehören die **GEBURT DER VENUS** von Sandro Botticelli und **DIE ANBETUNG DER KÖNIGE** von Leonardo da Vinci.

Ursprünglich wurde der Palazzo 1559 von Cosimo I. als Gebäude für die Büros der Ministerien und Ämter in Auftrag gegeben (das Wort *Uffizi* heißt übersetzt Büro). Dies stellte eine schwierige Auf-

> **RIVOIRE**
> Wer etwas auf sich hält, genießt das Treiben auf dem Platz bei einem Cappuccino im Rivoire, dem schönsten Café der Stadt.

Die Loggia: Freiluftmuseum, Treffpunkt und endlich eine Bank, um die Beine auszustrecken.

gabe für den Hofarchitekten Vasari dar. Ganze Häuserreihen wurden damals abgerissen, damit das neue Gebäude errichtet werden konnte.

Schon nach wenigen Jahren ließ Francesco I. die damals noch offene Galerie im Obergeschoss zur Lagerung von Bildern und Kunstwerken nutzen. Damals konnte man auf Nachfrage die Bilder anschauen. Daraus entwickelte sich der Museumsgedanke. Nachfolgend richtete man im Westflügel Werkstätten für Kunsthandwerker ein und im Laufe der Zeit wandelte sich der Zweck des Gebäudes komplett zum Museum. Üblicherweise besteht in den Uffizien ein riesiger Andrang, die Schlange kann bis zum Arno reichen, was in Zeit ausgedrückt mehrere Stunden bedeutet. Wir empfehlen daher unbedingt eine Onlinereservierung. Da mittlerweile alle Reiseveranstalter reservieren, muss man trotzdem etwas warten, jedoch maximal zehn bis 15 Minuten.

4 Das Familienmuseum Associazione MUS.E

Workshops für die ganze Familie

Wir können es fast so gut wie die alten Meister, die wir im Museum gesehen haben.

Im Palazzo Vecchio ist das Familienmuseum MUS.E untergebracht. Es bietet eine Reihe von Attraktionen für Kinder jeden Alters, etwa kurze Theateraufführungen für Kinder ab drei Jahren wie für ältere Kinder, Jugendliche und Erwachsene.

Die virtuelle Besichtigungstour der Stadt Florenz zu Zeiten von Lorenzo il Magnifico oder Kurzfilme über das Leben von Cosimo de Medici und seiner Gattin Eleonora di Toledo, die im Palast lebten, bilden schöne und vertiefende Eindrücke. Die

Programme wechseln hierbei regelmäßig. Für den Bau und die Errichtung der Domkuppel, des Rathausturms und der Brücken gibt es Modelle und Experimentiertische. Hier können im Modell die in der Renaissance angewendeten Techniken studiert werden, die wiederum in

Öffnungszeiten: Täglich 9.30–17 Uhr nur mit Vorbestellung
Preise: Erwachsene 10 €, Schüler und Studenten bis 25 Jahre 8 €, Kinder und Jugendliche bis 18 Jahre frei
Alter: Ab 8 Jahre
Informationen: Palazzo Vecchio Associazione MUS.e, Piazza della Signoria 1, Firenze, www.musefirenze.it

Multimedia-Räumen vorgeführt werden. Außerdem gibt es eine Reihe geführter Touren, die auch in die geheimen Gänge des Palastes führen. Das Angebot ist für die ganze Familie geeignet. Am besten erkundigen wir uns gleich zu Beginn unserer Reise über das Programm, da es uns die Planung deutlich erleichtern kann und bis Vinci ins Leonardomuseum reicht. Das Angebot ist vorrangig auf Italienisch, einige Programme werden aber auch auf Deutsch angeboten.

Das Familienmuseum MUS.E veranstaltet nicht nur im Palazzo Vecchio Workshops für Kinder, sondern organisiert Führungen auch in S. Maria del Carmine und der Cappella Brancacci, im Museo Storico Topografico di Firenze und im Museo Stibbert.

Links: Stolz steht Michelangelos David am Eingang des Palazzos.
Rechts: Im Rathaus der Stadt wurde Geschichte geschrieben und werden heute Geschichten erzählt.

Porcellino

Ein Schwein als Glücksbringer

»In der engen, schmalen Porta zu Florenz liegt vor einer Markthalle ein aus Metall gegossenes Schwein. Frisches klares Wasser rieselt aus dem Maule des Tieres, das vom Alter schwärzlich grün geworden ist; nur der Rüssel glänzt, als sei er poliert, und das ist er auch von den vielen hundert Kindern und den Bettlern, die ihn mit den Händen anfassen und ihren Mund an den Rüssel des Tieres legen, um zu trinken.«

Das Porcellino am Strohmarkt: Einmal über die Nase gestreichelt, Münze ins Maul: Bringt Glück!

einem Jungen den Weg zur Kunst weist. Es ist eine Geschichte, die erzählt, wie Kunst den Florentiner aus der materiellen Not heraushebt in ein besseres Leben, das sich von der Schönheit der Kunstwerke nährt.

Papst Pius IV. schenkte im Jahre 1560 Cosimo I. de Medici während dessen Besuch in Rom ein Porcellino aus Marmor. Dieser ließ in Florenz aus Bronze eine Kopie herstellen. Die außergewöhnlichen Fähigkeiten Taccas als Bronzebildhauer, eines Schülers Giambolognas zeigen sich an den Details. Dutzende von kleinen Tieren sieht man um das Schweinchen. Hinten rechts hat eine

So beginnt die Geschichte Hans Christian Andersens vom Porcellino, in der das Schwein in einem nächtlichen Ritt durch Florenz

Schlange gerade einen Frosch am Bein gefangen.

Im Volksmund heißt es, dass das Berühren der Nase des Schweins, die heute vom täglichen Polieren von legen, nachdem man die Nase des Schweins gerieben hat: Wenn die Münze in das Gitter fällt, wohin das Wasser abfließt, bringt das Porcellino einem Glück, sonst nicht.

... und sichert eine Wiederkehr nach Florenz.

Hunderten von Händen glänzt, den Kindern und Armen Glück bringt. Damit man wirklich Glück hat, reicht das nicht. Das vollständige Verfahren zur Erlangung des Glücks verlangt, dem Schwein eine Münze in den Mund zu

HEY KIDS,
die Neigung der Zunge des **PORCELLINO** ist so stark, dass kleine Münzen zu schnell rutschen. Nur größere, schwerere Münzen fallen in das Gitter.

5 Ponte Vecchio

Eine goldene Brücke

Der Ponte Vecchio (im Italienischen heißt es »der« Brücke) ist die älteste erhaltene Brücke in Florenz. Als sie erbaut wurde, waren der Bau und die Grundstücke so teuer, dass die Brücke vermietet werden musste, um die Kosten hereinzuholen. So entstanden die Läden auf der Brücke.

Die insgesamt 44 Läden auf der Brücke eigneten sich besonders für Gewerbetreibende, für die es wichtig war, ständig frisches Wasser zur Verfügung zu haben, oder für die der Fluss als einfache Abfallentsorgung diente. So siedelten sich zunächst überwiegend Metzger und Gerber auf der Brücke an und mieteten die Läden von der Stadtverwaltung.

1565 veranlasste der **HERZOG COSIMO** den Bau eines Verbindungsgangs vom alten Rathaus, dem Palazzo Vecchio, zum Neuen Palast, dem Palazzo Pitti, der ihn auf dem Weg zwischen beiden Palazzi vor den Unbilden des Wetters und vor neugierigen Blicken schützte. Da sich die beiden Paläste nicht auf dem gleichen Ufer des Arno befanden, musste der Gang über den Fluss und damit über den Ponte Vecchio führen.

Anstatt den notwendigen Platz für den Gang

CLET ABRAHAM

In Florenz lebt ein Künstler, der sich Clet Abraham nennt und Schilder beklebt. Sein liebstes Schild ist das Einbahnstraßenschild: weißer Balken auf rotem Grund, auf das er Folien aufklebt. So trägt ein Mann den Balken davon, einer meißelt eine Figur hinein. Überall in der Stadt kannst du diese Schilder von Clet entdecken. Clet hat in der Via dell`Olmo auch einen kleinen Laden, wo man die Schilder als Sticker kaufen kann.

HEY KIDS,
in den Uffizien, in Raum 34, befindet sich eine kleine, unauffällige Holztür. Dort beginnt der geheime Gang in den **VASARI-KORRIDOR**.

von den Läden abzuziehen, entschied sich der Baumeister **VASARI**, den **KORRIDOR** einfach über die Läden hinweg zu bauen. Beim Gang durch den Korridor bekam der Fürst aller-dings eine ganze Menge von den üblen Gerüchen der Schlachter, die ihre Abfälle einfach durch die Fenster in den Fluss warfen, und der Gerber, die vorwiegend mit Pferdeurin ar-beiteten, mit. Großherzog Ferdi-nando de Medici reichte es schließ-lich: Im Jahre 1593 zwang er die stinkenden Gewerbebetriebe per Dekret die Brücke zu verlassen und ließ nur noch elegante Gold-schmiede auf die Brücke.

TURMUMGEHUNG

Geht man über die Brücke, sieht man, dass der Gang am Ende selt-same Ecken hat. Dort steht ein ALTER FAMILIENTURM. Der Herzog wollte den Besitzer des Turms enteignen lassen, der wei-gerte sich aber so vehement, dass der Herzog nachgab und sei-nen Gang um den Turm herum-bauen ließ. Den Turm sieht man noch heute.

Links: Wie Nester kleben die Läden an der Brücke Ponte Vecchio.
Rechts: Die Schilder von Clet sind ein witziger Hingucker in Florenz.

6 Giardino di Boboli

Ein wunderschöner Park zum Entspannen

Hinter dem Palazzo Pitti zur Porta Romana und hinauf bis zum Forte di Belvedere erstreckt sich die herrliche Gartenanlage mit ihren Laubengängen und Zypressenalleen, Wasserspielen und Teichen, Treppen und künstlichen Grotten, einem Amphitheater und Hunderten von Marmorstatuen.

Anfahrt: Eingänge in den Park vom Palazzo Pitti, der Via Romana und der Porta Romana
Öffnungszeiten: November bis Februar täglich 8.15–16.30 Uhr, März bis 17.30 Uhr, April/Mai und September/Oktober bis 18.30 Uhr, Juni/August bis 19.30 Uhr, erster und letzter Mo des Monats geschlossen
Preise: 6,50 €, bei Sonderausstellungen 9 €, Kinder und Jugendliche bis 18 Jahre frei, bis 25 Jahre halber Preis

Wenn wir eine Pause brauchen oder einfach ein paar Stunden IM GRÜNEN sein wollen, bietet sich dieser Park an. Für einen Gang durch den ganzen Park mit schönen Ausblicken auf die Stadt sollten wir uns genügend Zeit nehmen. Es macht Spaß und ist für Kinder eine schöne Abwechslung zum Gassengewirr. Im Sommer finden in einem Teil des Gartens abendliche Kammerkonzerte statt.

Die Boboli Gärten: Aus einer grünen Oase der Ruhe den Blick auf die Stadt genießen.

Naturhistorisches Museum La Specola

Ästhetische Lehrstunde in Anatomie

In der ehemaligen Sternwarte La Specola befindet sich heute eine für Kinder und Jugendliche faszinierende zoologische Sammlung mit Tierpräparaten von der Vogelspinne bis zur Riesenschildkröte.

Besonders sehenswert und kurios ist die ANATOMISCHE ABTEILUNG des Museums. Hier sind über tausend, zum Teil verblüffend naturgetreue Wachsnachbildungen menschlicher Organe und ganzer Körper in Vitrinen ausgestellt. Der Großteil der Präparate wurde 1775–1814 in der museumseigenen Wachsmodellwerkstatt von Clemente Susini geformt und diente ursprünglich dem medizinischen Unterricht. Eine Reise in die Welt der Anatomie, die Kinder fasziniert.

Öffnungszeiten: Di bis So 9.30–16.30 Uhr, Ostern, 1. Mai und 15. August geschlossen
Preise: Erwachsene 6 €, Kinder und Jugendliche von 6 bis 14 Jahren 3 €, Kinder bis 6 Jahre frei
Alter: Ab 10 Jahre
Informationen: Museo Zoologico La Specola, Via Romana 17, 50125 Firenze, Tel. +39/055/205 59 30, www.polomuseale.firenze.it

Oben: Die Tierpräparate sind für Kinder besonders faszinierend …

Unten: …, die Wachsnachbildungen von menschlichen Körpern sind eher für größere Kinder geeignet.

8 Museo Stibbert

Die Sammlung eines verrückten Engländers

Frederick Stibbert war Sohn eines Engländers, Thomas Stibbert, der sich in der Folge der Napoleonischen Kriege in Florenz niederließ und mit Finanzgeschäften sehr reich wurde. Als steinreicher Erbe fing Frederick gegen 1860 an, ein wahres Raritätenkabinett aufzubauen.

Außen eine herrschaftliche Villa und innen ein sehenswertes Museum: das Museo Stibbert.

Insgesamt 64 Räume seines Hauses sind angefüllt mit Möbeln, Skulpturen, Kostümen und Kuriositäten. Das Kernstück bildet eine Sammlung von mehr als 10 000 Rüstungen und Waffen aus Europa, Asien und Afrika. In der einem Rittersaal nachempfundenen SALA DI CA-VALCATA ist ein Zug von 14 Rittern und Pferden im vollen Harnisch des 16. Jahrhunderts aufgebaut! Die Villa umgibt ein weitläufiger Park, in dem man auch gut picknicken kann. Die Kuriositäten und den Ritterzug mit seinen tausend Details finden sicher alle Kinder spannend.

Anfahrt: Mit Bus Nr. 4 vom Bahnhof SMN bis Haltestelle Gioia
Öffnungszeiten: Mo bis Mi 10–14 Uhr, Fr bis So 10–18 Uhr
Preise: Erwachsene 8 €, Kinder bis 12 Jahre 6 €
Alter: Ab 8 Jahre
Informationen: Museo Stibbert, Via Federigo Stibbert 26, 50134 Firenze, Tel. +39/055/47 55 20, www.museostibbert.it

Botanischer Garten
Giardino dei Semplici

Was Pflanzen fressen

Ein Garten der Bescheidenheit, in dem einst Heilkräuter, also einfache Medizin, angebaut wurden. Daraus entwickelte sich ein toller Park für alle Kräuter und Pflanzen. Der ganze Garten ist eine einzige Augenweide.

Der im Jahr 1545 von Cosimo di Medici mitten im Zentrum angelegte kleine Giardino dei Semplici ist der drittälteste botanische Garten der Welt und gehört heute der Universität von Florenz als Teil des Museo di

Von Kräutern und fleischfressenden Pflanzen: Experimente und medizinische Beobachtungen im Botanischen Garten

Anfahrt: Mit Bus Nr. 11 vom Bahnhof SMN bis Haltestelle La Marmara
Öffnungszeiten: April bis Oktober 10–19 Uhr, Mi, 1. Mai und 15. August geschlossen
Preise: Erwachsene 4 €, Kinder von 6 bis 14 Jahren 2 €, Kinder unter 6 Jahren frei
Alter: Ab 8 Jahre
Informationen: Giardino dei Semplici, Via Pier Antonio Micheli 3, 50121 Firenze, Tel. +39/055/234 67 60

Storia Naturale an. Bemerkenswert sind die über 200 Jahre alte Eiche und die Eibe von 1720! Für Kinder ist die Sammlung verschiedener Arten FLEISCHFRESSENDER PFLANZEN äußerst spannend. In den Kräutergärten lernen wir alles über Kräuter und ihre Wirkung. Erstaunlich, wie viele Medikamente es früher aus Kräutern gab.

10 Piazzale Michelangelo

Der Aussichtsbalkon der Stadt

Die Piazzale Michelangelo ist der Aussichtsbalkon der Stadt und bietet das beeindruckendste Panorama von Florenz. Ein schöner Ausflug, um anhand der Türme und Kuppeln wie in einem Stadtplan alles Gesehene noch einmal zu entdecken.

Wie ein Balkon thront die Aussichtsterrasse mit der Piazzale Michelangelo und San Miniato al Monte über der Stadt.

Wir können die Piazzale Michelangelo vom Bahnhof aus gut mit dem Bus erreichen. Am schönsten ist es aber, wenn wir uns zu Fuß auf den Weg machen. Wir gehen über den Arno und flussaufwärts. Bei einem kleinen Park gehen wir rechterhand in die Parallelstraße bis an deren Ende. Hier sehen wir an der Hauswand eine Hochwassermarke von 1966. Im Viertel finden sich nette Restaurants und Cafés. Wir halten uns zunächst links und gehen dann rechts bergauf zum Stadttor hinaus. Außerhalb des Stadttores beginnt eine Treppe, die VIA GALILEI. Im Juni ist die Treppe abends von Tausenden von Glühwürmchen erleuchtet. Oben an der Treppe gehen wir nach links und laufen bis zur Piazza vor.

Weithin sichtbar steht SAN MINIATO AL MONTE als

Anfahrt: Vom Bahnhof aus mit Bus 12 oder 13
Öffnungszeiten: San Miniato al Monte täglich im Sommer 8 bis 19.30 Uhr, im Winter 8–12 Uhr und 15–18 Uhr
Eintritt: Frei
Informationen: San Miniato al Monte, Via del Monte alle Croci

An klaren Tagen reicht der Blick von hier über die Stadt bis zu den Marmorbergen Carraras.

Kleinod romanischer Baukunst auf einem Hügel oberhalb der Piazzale Michelangelo. Vom Vorplatz der Kirche haben wir einen traumhaften Ausblick auf Florenz. Schon zu Zeiten Karls des Großen stand hier eine Kirche; vermutlich wurde sie über dem Grab des hl. Minias errichtet, der 250 n. Chr. den Märtyrertod starb. Seine Gebeine werden in einem Schrein der Krypta aufbewahrt.

Die Fassade der heutigen Basilika ist mit weißem Carrara-Marmor und grünem Serpentin belegt. Fußboden, Chorschranken und Kanzel tragen kostbare Marmoreinlegearbeiten. Das Apsismosaik mit dem thronenden Christus strahlt große Würde aus. Die Kirche und der angebaute Palazzo dei Vescovi gehörten bis 1552, wie auch heute wieder, den Olivetanern, einer Benediktinerkongregation, auf die wir südlich von Siena nochmals treffen werden.

HEY KIDS,
leckeres EIS gibt es
oben an der Treppe.

41

Die schönsten Strände

Die toskanische Nordküste, Versilia genannt, zeichnet sich durch eine Vielzahl feiner Sandstrände aus, hat aber auch schroffe Steilküsten zu bieten, die zum Tauchen und Schnorcheln einladen.

Für Familien ist diese kinderfreundliche Küstenregion mit den überwiegend flach ins Meer abfallenden Sandstränden bestens geeignet. Die Versilia lockt darüber hinaus mit dem nahen Wandergebiet der Apuanischen Alpen. Grundsätzlich ist

Das Mittelmeer ist oftmals so ruhig, dass auch die Kleinen gut schwimmen können.

dieser Küstenabschnitt Familien zu empfehlen, die Wert auf gepflegte Badeanlagen mit Freizeitangeboten legen oder denen *mare e monti*, Meer und Gebirge, wichtig ist.
Marina di Massa bietet lange feinsandige Badestrände, die größtenteils von Badeanstalten belegt sind. Der meist flache Sandstrand zieht sich bis Viareggio hin. In Marina di Massa gibt es neben den kostenpflichtigen Badeanstalten aber auch den günstigeren *Spiaggia Libera Comunale Attrezzata*. Dort gibt es einige Reihen mit Sonnenliegen und -schirmen, die man mieten kann, davor können wir uns aber auch mit seinen eigenen Badeutensilien ausbreiten. Diese Strandabschnitte finden wir im Norden von Marina di Massa zwischen Via Magliano und Viale della Repubblica. Das Publikum ist italienisch gemischt. Kinder kommen im Rahmen des *bagno* mit Angeboten aller Art voll auf ihre Kosten. Hinter Cinquale gibt es einen langen freien Strandabschnitt mit Sanddünen, wo wir ohne Infrastruktur, aber auch ohne Reglementierung baden und am Meer sein können.

Forte dei Marmi ist vielleicht das am besten besuchte und mondänste Strandbad Italiens. Charakteristisch ist sein weit ins Meer hineinragender Landesteg *Pontile*, der im 16. Jahrhundert zur Verladung von Marmor errichtet wurde. Der fünf Kilometer lange und relativ breite Sandstrand in dem exklusiven Badeort ist sicherlich einer der gepflegtesten und auch teuersten Strandabschnitte an der **Versilia**. Der Sandstrand führt extrem flach ins Meer und wird daher besonders gern von Familien mit kleinen Kindern besucht. Um richtig schwimmen zu können, muss man schon hundert Meter weit ins Meer laufen.

Zwischen Marina di Carrara im Norden und Viareggio im Süden gehen die Strandbäder fast nahtlos ineinander über. Ob **Lido di Camaiore**, **Marina di Pietrasanta**, **Cinquale** oder **Marina di Massa**: Überall locken mehr oder weniger kostspielige Strandbäder mit exklusiven Angeboten, die hier nicht nur auf gepflegten Liegestühlen Platz nehmen, sondern auch in Bars, Lounges und Restaurants der gehobenen Preisklasse die unterschiedlichen kulinarischen und sportlichen Angebote nutzen können. Für Kinder etwas zu abgehoben.

Viareggio ist geprägt durch Strandpavillons aus Klassizismus und Jugendstil. Die Stadt entwickelte sich aus einem alten Fischer- und Seefahrerort, der im 15. Jahrhundert

Entspannte Tage am Meer, so geht Urlaub!

von Lucca eine Festung erhielt und dadurch an Bedeutung gewann und aufblühte. An den nachfolgenden Stränden zwischen Lido di Camaiore und Viareggio reiht sich ein bagno an das nächste. Einen einzigen kostenfreien Strandabschnitt findet man südlich von **Viareggio** in Höhe der Pineta di Levante.

11 Pinocchiopark

Es war einmal ein Holzscheit …

Wer kennt sie nicht, die Geschichte von Pinocchio und seiner langen Nase, die beim Lügen länger und länger wird? In Collodi schrieb Carlo Lorenzini die Geschichte des hölzernen Jungen und hier existiert ein spannender Themenpark zu den Geschichten aus dem Buch.

Ein unübersehbarer Willkommensgruß: 16 Meter hoch und 9 Tonnen schwer

Der PINOCCHIOPARK ist aus der Geschichte entstanden und erzählt die Geschichte Pinocchios. Er ist kein Vergnügungspark im herkömmlichen Sinne, sondern eine gelungene fantasievolle Verknüpfung von Freizeitpark, Kunstausstellung und Landschaftsarchitektur.

Der Autor von Pinocchio, Carlo Lorenzini, verbrachte seinerzeit seine Kindheit in dem Dorf Collodi. Im Jahr 1951 hatte der Bürgermeister die grandiose Idee, in Collodi ein Denkmal zu Ehren Pi-

Anfahrt: A 11 Florenz–Pisa bis Ausfahrt Chiesina Uzzanese; von dort Richtung Pescia/Collodi; in Collodi ausgeschildert; Parkplätze am Eingang ausgewiesen
Öffnungszeiten: Februar bis November täglich ab 8.30 Uhr bis Sonnenuntergang
Preise: Pinocchio Park: Erwachsene 12 €, Kinder von 3 bis 14 Jahren 9 €; die Lernwerkstätten, das mechanische Theater, Fahrten mit den Zirkuswagen und das Kabinett der optischen Täuschung müssen separat gebucht werden; jedes zahlende Kind erhält eine Freikarte für eine Werkstatt und für das Theater, alle weiteren Extras kosten je € 3 €; der Besuch der Werkstatt und des Theaters dauert jeweils eine Stunde. Villa Garzoni: Erwachsene 13 €, Kinder von 3 bis 14 Jahren 10 €. Kombiticket Pinocchiopark, Villa Garzoni und Schmetterlingshaus: Erwachsene 21 €, Kinder von 3 bis 14 Jahren 17 €
Alter: Ab 6 Jahre
Informationen: Pinocchio Park, Via di S. Gennaro 3, 51012 Collodi; Park der Villa Garzoni und Schmetterlingshaus, Piazza della Vittoria 3, 51012 Collodi; Tel. +39/0572/42 73 14 oder Tel. +39/0572/42 93 42, www.pinocchio.it

nocchios und seines Autors zu setzen. So rief er einen künstlerischen Wettbewerb aus. Die renommierten Künstler Emilio Greco und Venturino Venturi gewannen diesen Wettbewerb und gestalteten die ersten Kunstobjekte des Parks. Im Laufe der Zeit entstanden immer mehr Projekte verschiedener Künstler, sodass wir heute einen groß angelegten fantastischen Skulpturenpark besichtigen können. Innerhalb des Parks gibt es ein Museum, das auch Workshops für Kinder anbietet. Dann können wir die Erzählungen und Zaubereien im Feenzirkuswagen anschauen, uns schminken lassen und Kostümfotos machen, mit Handpuppen Theater spielen, und in den historischen Karussellen, vor allem dem venezianischen Lagunenkarussell, fahren.

Der Garten der benachbarten VILLA GARZONI gilt als einer der schönsten Gärten Italiens. Er ist ein Kunstwerk des Barock und bezaubert mit Wasserspielen, Statuen, kleinen Höhlen und Gewächshäusern.

Schon von Weitem strahlt eindrucksvoll die Villa Garzoni.

Oben: In allen Größen und immer mit der spitzen Nase: Ein Pinocchio muss als Andenken mit.

Das SCHMETTERLINGSHAUS in Collodi ist ebenfalls einen Besuch wert. Es ist ein wunderschönes Gewächshaus und beherbergt über tausend Schmetterlingsarten aus der ganzen Welt.

12 Montecatini

Mondänes Kurbad mit Ausblick

Montecatini wird auch das Dormitorio, der Schlafsaal, der Toskana genannt. Nirgends gibt es mehr Hotels als in diesem alten und berühmten Kurort mit seinen neun Thermenanlagen. Im Kurpark und in den Gebäuden der Thermen ist die Zeit der alten Größe noch spürbar.

Die Stadt Montecatini besteht aus zwei Teilen, dem auf dem Berg gelegenen alten Stadtteil *Montecatini Alto* mit seiner romanischen Burg und dem Ort um die Thermenanlagen im Tal. Die Thermen waren früher nur einen Sumpf unterhalb der Burg, obwohl bereits seit dem Altertum bekannt war, dass das Wasser des Sumpfes eine Heilwirkung besaß. Schon im Jahr 1530 sammelte man das Thermalwasser in Wannen, doch es scheint, als wäre dem Phänomen nicht genügend Wichtigkeit beigemessen worden. Montecatini Alto wird mit dem Kurort *Montecatini Terme* durch die SEILBAHN VON MONTECA-TINI, eine der ältesten Standseilbahnen Italiens, verbunden. Die im Jahr 1898 erbaute Seilbahn verkehrt von März bis Oktober halbstündlich zwischen den beiden Orten. Von Montecatini Alto aus hat

Seit über 100 Jahren pendelt die kleine, rote Seilbahn zwischen Ober- und Unterstadt.

Anfahrt: Die Höhle liegt einige Meter westlich der Via Maona, der Straße von Montecatini Terme nach Vico und Montecatini Alto; die Seilbahn verkehrt zu jeder halben und vollen Stunde von Montecatini Alto nach Montecatini Terme
Öffnungszeiten: Grotta Maona von April bis Oktober 9–12 Uhr und 15–18 Uhr
Preise: Fahrt mit der Seilbahn Erwachsene 4 €, hin und retour 7 €, Kinder von 6 bis 10 Jahre 2 €, hin und retour 4 €, Kinder bis 6 Jahre frei; Eintritt Höhle Erwachsene 6 €, Kinder bis 14 Jahre 4 €
Alter: Ab 6 Jahre
Informationen: Grotta Maona, Montecatini Terme, Tel. +39/0572/745 81, www.grottamaona.it

Tropfsteine beleben die Fantasie. Unter Tage sehen wir die Welt ganz anders.

man bei gutem Wetter einen fantastischen Ausblick über die Talebene bis hin zum Monte Pisano und bis nach Lucca. Schön ist auch der Fußweg hinunter, der in großen Schleifen der Seilbahntrasse folgt.

Einen Besuch wert ist in jedem Fall die **GROTTA MAONA.** Die Höhle wurde 1860 entdeckt, als sie in einem Steinbruch »angefahren« wurde. Sie ist so beeindruckend, dass man schon damals den Steinbruch stilllegte, um die Höhle zu erhalten. Sie ist etwa 200 Meter lang und bis zu 20 Meter tief und die einzige Höhle in Italien mit zwei unterirdischen Seen. Der erste befindet sich kurz hinter dem Eingang, der zweite liegt am Ende eines Systems von Höhlengängen voller Stalaktiten und Stalagmiten. Die Höhle darf nur im Rahmen einer spannenden Führung besichtigt werden, bei der der Steinerne Wald, die Krippe, der Wasserfall und der schiefe Turm von Pisa zu sehen sind. Im Sommer wird in der Bar vor der Grotte abends getanzt!

HEY KIDS,
in der SEILBAHN darf man hinten und vorne auch draußen stehen!

13 Kaffee und Schokolade in Monsummano

Andrea Slitti und die Theobroma cacao

In Monsummano Terme, dem kleinen Kurort im Schatten Montecatinis, hat einer der besten Chocolatiers sein Geschäft: Andrea Slitti. 1988 in das Unternehmen seines Vaters eingestiegen, machte er den Namen Slitti zum Synonym für allerbeste Schokolade.

In Monsummano betrieb der Vater Luciano Slitti seit 1969 eine Kaffeerösterei. Da weder ihm noch seinen Gästen der gelieferte Kaffee schmeckte, hatte er begonnen, ihn selbst zu rösten. Dieses Verfahren perfektionierte er in einer Art und Weise, dass er bald einen der besten Kaffees Italiens produzierte. 1988 traten die Söhne Daniele und Andrea ins Geschäft mit ein. Andrea erweiterte das Sortiment um einen weiteren Import aus Amerika, das Caboxid. Wir kennen es besser als Kakao. Er kommt aus Mittelamerika, wo die Mayas das Mehl der Kakaobohnen mit Wasser, Chili und anderen Gewürzen schaumig aufschlugen und ein scharfes und sehr nahrhaftes Getränk brauten. Den Energie- und Nährwert erkannten die spanischen Eroberer sofort, allein – es schmeckte ihnen nicht! Es dauerte fast hundert Jahre, bis jemand auf die Idee kam, den Kakao mit Honig, Anis und Vanille zu süßen. Kakao galt als Heilmittel und wurde in Apotheken als Arznei verkauft. Erst 1847 erfand man die Schokolade, wie wir sie heute kennen: Kakaopulver und Zucker mit Kakaobutter gemischt ergibt eine flüssige Paste, die formbar ist. Criollo, Forastero und Trinitario heißen die kostbarsten Kakaosorten, und das

Anfahrt: An der SS 436 Fucecchio Montecatini
Informationen: Slitti Cioccolato e Caffè, Via Francesca Sud 1268, 51015 Monsummano Terme, Tel. +39/0572/64 02 40, www.slitti.it

bestgehütete Geheimnis Andrea Slittis ist die Zusammensetzung der drei Sorten in seiner Schokolade. Auch er begann, wie sein Vater damals mit dem Kaffee, seine eigenen Vorstellungen von Schokolade zu verwirklichen, was dazu führte, dass er bis heute alle Wettbewerbe um Schokolade, an denen er bisher teilnahm, auch gewonnen hat.

Der Laden ist ein unscheinbares Geschäft an der Staatsstraße 436 nach Montecatini. Erst innen spürt man die Liebe der Slittis zu ihrer Schokolade. Die Einrichtung stammt vom Innenarchitekten, alle Waren sind gefällig präsentiert. Man ahnt die Weite der Welt, die einem die Kakaobohne hier auftun kann. Schokolade in allen Formen und Zubereitungsarten – als Werkzeug und als Praline, als Geschenk oder zum Abbeißen. An der Theke können wir immer noch einen Caffè erhalten, aber wahrscheinlich trinken wir eine Schokolade, vielleicht die alte Mischung »Maya«.

Bei Slittis Schokolade wird die Milka-Kuh einfach nur blass vor Neid.

14 Pontedera

Der Geburtsort der Vespa

Die Kleinstadt Pontedera am Rand der Colli Albani ist der Geburtsort eines italienischen Symbols: des Vespa-Rollers. Seit 1946 montiert die Firma Piaggio in Pontedera das Fahrzeug mit den kleinen Rädern und dem bequemen Durchstieg – ursprünglich aus Flugzeugteilen.

Zunächst baute das Familienunternehmen Piaggio Schiffe. Später verlegte man sich auf den Bau von Eisenbahnwagen. Mit Aufkommen der Luftfahrt wandte sich Rinaldo Piaggio fortan dem Flugzeugbau zu. Während des Zweiten Weltkrieges wurde das Stammwerk in Pontedera völlig zerstört. Nach 1945 beschloss Rinaldos Sohn, Enrico Piaggio, der inzwischen die Leitung des Unternehmens übernommen hatte, neue Wege zu gehen.

Er beobachtete, dass Italien nach dem Krieg preiswerte Transportmittel dringend brauchte. Das Fahrrad taugt nicht für lange Strecken, das Auto war noch zu teuer, das Motorrad zu sportlich. Was das Land brauchte, war eine *Vespa*.

Am 23. April 1946 hinterlegt Enrico Piaggio im Patentbüro Florenz das folgende Patent: *Motorrad mit sinnfällig arrangierten Komponenten und mit Kotflügeln und Hauben, welche die Technik bedecken*. Dies war die offizielle Geburtsstunde der *Vespa*. Die erste *Vespa* trug den Spitznamen *Paperino* (Entchen); sie hatte 98 cm³ Hubraum und war maximal 60 km/h schnell.

Die Dreirad-Transporterserie *Ape* (Biene) kam ein Jahr nach ihrer Schwester, der *Wespe*, auf den Markt. Der Urtyp der *Ape* von 1947 ist eigentlich

Anfahrt: Pontedera liegt an der FIPILI, der Schnellstraße, die Florenz, Pisa und Livorno verbindet; das Museum natürlich in der Viale Piaggio!
Öffnungszeiten: Vespa-Museum Di bis Sa 10–18 Uhr und jeden zweiten Sonntag im Monat
Preise: Eintritt frei
Alter: Ab 6 Jahre
Informationen: Vespa-Museum Pontedera, Viale Rinaldo Piaggio 7, 56025 Pontedera, Tel. +39/0587/271 71, www.museopiaggio.it

Links: Die Ape (Biene) oder der Lastesel: Langsam und genügsam: Kleines Gefährt wird eine große Hilfe bei jedem Transport. Rechts: Die Vespa (Wespe) oder die Wendige: Schwirrt durch alle Gassen, kurvt um alle Ecken.

eine *Vespa* mit Ladefläche und einer Nutzlast von 200 Kilogramm. Die *Ape* ersetzte das Maultier als Lastentier. Noch heute dient es den Bauern zum Transport vom Feld und wird auch in den Städten gerne als Lieferwagen genutzt.

Im Museum können wir alle Modelle bewundern, seien es Sonderausführungen oder Prototypen. Eine schöne Zeitreise zum Schmunzeln und Schwelgen.

HEY KIDS,
In Deutschland im Kreis Mettmann hat die Polizei eine Ape mit Blaulicht und mit einer Höchstgeschwindigkeit von 60 km/h in Dienst gestellt.

15 Lucca

Eine Insel innerhalb von Mauern

Lucca ist ein in sich geschlossenes und zugleich weltoffenes Kunst-städtchen. Die Stadt liegt wie eine Insel innerhalb seiner großen Stadtmauer. Eine italienische Stadt zum Anfassen. Läden, Bars und Plätze, alles lädt in Lucca zum Verweilen und Probieren ein.

Im 15. Jahrhundert gegen die Expansionsversuche von Florenz begonnen, wurde der gigantische Verteidigungswall Anfang des 19. Jahrhunderts mit 2000 Ulmen, Pappeln und Platanen zur *Passeggiata delle Mura*, zur Promenade mit Gartenbänken und sogar einem kleinen Café: für Spaziergänger, Radler und Jogger – und natürlich für Liebespärchen. Eine Art Aussichtsterrasse mit Blick über die gesamte Stadt und die Berge. Inerhalb der Mauern sind große Teile der Stadt für Autos gesperrt. In Lucca fährt man Fahrrad, das fast vor jedem Hauseingang und vor jedem Laden steht. Der mit Abstand bekannteste Sohn der Stadt ist der Komponist PUCCINI. Die Stadt hat daraus aber nie einen Kult gemacht. Neben einem Restaurant und einem kleinen Hotel, die seinen Namen tragen, erinnert nur ein Denkmal vor dem Geburtshaus, heute ein Museum, an den großen Musiker. Im Mittelalter verdankte Lucca seinen Reichtum insbesondere der Herstellung und dem Handel mit kostbaren Stoffen. Familien von Rang und Namen errichteten weithin sichtbare Wehr- und Wohntürme. Von der *Città Turrita*, der betürmten Stadt, ist heute nur noch der TORRE GUINIGI übrig geblieben. Die Familie der Guinigi hat eine Eiche in ihrem Wappen und diese

Anfahrt: Kostenpflichtige Parkplätze finden wir rund um die Stadtmauer
Öffnungszeiten: Torre Guinigi und Torre delle Ore 9.30–18.30 Uhr, Juni bis September bis 19.30 Uhr; San Michele in Foro täglich 7.40–12 Uhr und 15–18 Uhr
Preise: Torre Guinigi: Erwachsene 4 €, Kinder bis 14 Jahre 3 €, Kinder bis 6 Jahre frei; Torre Guinigi und Torre delle Ore: Erwachsene 6 €, Kinder bis 14 Jahre 3 €, Kinder bis 6 Jahre frei
Informationen: Torre Guinigi, Via S. Andrea, 55100 Lucca, Tel. +39/0583/58 30 86, www.lemuradilucca.it

für alle sichtbar auf ihren Turm gepflanzt. Der 44 Meter hohe Backsteinturm mit seinen jahrhundertealten Steineichen auf der Spitze ist das Wahrzeichen von Lucca. 230 Stufen führen auf den Turm hinauf. Von hier oben genießen wir einen tollen Ausblick über Lucca und sehen auch die **TORRE DELLE ORE**, einen Glockenturm, der bereits seit 1390 genutzt wird, um den Bürgern von Lucca die Zeit anzuzeigen.

In der **BOTTEGA DEL PROSPERO** versorgt die Familie Marcucci bereits in der fünften Generation die Stadt mit Gewürzen, Nudeln, Öl und Wein im alten Stil. Und die Konditorei **TADDEUCCI** stellt seit 150 Jahren den besten *buccellato*, den ringförmigen Brotkuchen mit Rosinen und Nüssen, der Stadt her.

Die Stadt beherbergt außerdem insgesamt 99 Kirchen, was ihr den Zweitnamen *Der Vatikan der Toskana* einbrachte. Die Kirche **S. MICHELE** steht auf der gleichnamigen Hauptpiazza Luccas, dem ehemaligen Forum der römischen Stadt, und bildet seit jeher das Zentrum der Stadt. Der Bau der Kirche begann 1070. Alles überragend ist die schön gestaltete Marmorfront der Kirche mit der vier Meter hohen Statue San Michele.

Von der Piazza San Michele führt die Via Fillungo, der lange Faden, eine typisch mittelalterliche Straße mit ihren kleinen antiken Läden, den *botteghe,* zum Amphitheater.

Seit drei Generationen gibt es hier säckeweise Spezialitäten aus der Bottega del Prospero.

Am Ende der Via Fillungo erreichen wir eine gebogene Häuserwand, die die ovale Außenwand des römischen **AMPHITHEATERS** ist. Um das

55

Oval können wir einmal herumlaufen und durch die Bögen in Läden und durch diese in das Innere des Theaters blicken. Teilweise sehen wir noch die antiken Steine. Schmale Treppen führen zu den Wohnungen. Wir gehen weiter, biegen in einen Torbogen und befinden uns in der Arena, wo einst die Gladiatoren gegen die wilden Tiere kämpften. Da die Häuser nur in die Ränge gebaut wurden, blieb der Innenraum leer und ist heute der schönste Platz der Stadt. Obwohl vom Theater nichts mehr zu sehen ist, ist die Anlage vollständig erhalten. Wir sehen das Tor, durch das die Gladiatoren hereinkamen und wo sie hinausgeschleift wurden, die Bögen, in denen in den Käfigen die wilden Tiere gehalten wurden. Die Lokale und Läden mit je einem Zugang zum Platz und einem zu der ihn umgebenden Ringstraße verbreiten eine heitere Stimmung, die zum Verweilen einlädt.

Alljährlich am 13. September findet mit der beeindruckenden Fackelprozession des hölzernen Christusabbildes *Volto Santo* das größte Fest von Lucca statt, die LUMINARIA DI SANTA CROCE. In historische Gewänder gekleidet, tragen die Bewohner das in Brokat gehüllte Kruzifix durch die Gassen der Altstadt. Der Umzug be-

Ganz der Mode der damaligen Zeit folgend, präsentiert sich San Michele im pisanischen Stil.

ginnt vor der Kirche San Frediano und endet an der Piazza San Martino. Kerzen in den Fenstern zaubern ein mystisches Ambiente. Die *Luminaria* wird mit einem prächtigen Feuerwerk beschlossen.

Am 12. Juli findet in Lucca beim PALIO DELLA BALESTRA das traditionelle Armbrustschießen auf der Piazza San Michele statt. Mittelalterliche Kostüme schmücken die Repräsentanten der einzelnen Stadtteile, die sich nach einem Umzug durch die Stadt als Schützen messen.

Man riecht noch fast das Blut und kann gut erkennen, dass diese Piazza einst die Arena eines Amphitheaters war.

16 Prähistorischer Park in Peccioli

Bei den Dinosauriern

Bei Peccioli gibt es einen kleinen prähistorischen Park, der ge-gründet wurde, nachdem man in der Gegend mehrere Fossilien ge-funden hatte. Im Park werden achtzehn unter-schiedliche Dinosau-rier-Nachbildungen in Lebensgröße und dra-matischen Posen dar-gestellt.

Hier im prähistorischen Park machst du eine kleine Wanderung, und zack, ist es die große Zeitreise zu den Dinosauriern …

Erardo Ghironi, ein Zir-kusartist, der sich zur Ruhe setzte, kaufte sich in Peccioli zwei Hektar Land und begann für sich und seine Söhne ein Haus zu bauen. Beim Ausschachten des Kellers stieß er auf Knochen, die zu kei-nem Tier passten.

Anfahrt: Südlich von Pontedera den Schildern nach Peccioli folgen; dort ausge-schildert
Öffnungszeiten: September bis März 9–12 Uhr und 14–18.30 Uhr, April bis August 9–19 Uhr
Preise: Erwachsene und Kinder 4 €, Kinder unter 3 Jahre frei
Alter: Ab 6 Jahre
Informationen: Parco Preistorico di Peccioli, Via dei Cappuccini, 70–72, 56037 Peccioli, Tel. +39/0587/63 60 30, www.parcopreistorico.it

Schnell war klar, dass es sich um ausgestorbene Arten handeln musste, um Dinosaurier. So entstand 1977 DER PRÄHISTORISCHE PARK VON PECCIOLI.

Lange vor Jurassic Park musste der Park selbst Attraktion werden, da Dinosaurier noch nicht in Mode waren. So ließ Ghironi Nachbildungen der ur-

… und staunst an jeder Ecke über die Größe der Bäume? Nein, der Dinos.

zeitlichen Tiere in tollen Posen anfertigen. Der Brachiosaurus ist der größte nachgebildete Saurier der Welt. Um die Ära der Dinosaurier aufleben zu lassen, gibt es auch einen Vulkan, der richtig spuckt, nämlich bunte Papierkügelchen.

Die lebensgroßen Nachbildungen sind in einem Rundweg anzuschauen. Schön angelegt, windet sich der Weg durchs Gelände und plötzlich steht ein riesiger Dino vor einem. Für Kinder, die sich nicht für Dinos interessieren, gibt es daneben einen normalen Spielplatz und für die ganze Familie einen Picknick- Bereich.

17 Museo Leonardo da Vinci

Der Daniel Düsentrieb der Renaissance

Die italienische 1-Euro-Münze schmückt Leonardo da Vincis Skizze des Menschen. Das Museum des genialen Tüftlers und Erfinders steht in seiner Heimatstadt Vinci. Im Schloss des Grafen Guidi sind seine Erfindungen originalgetreu nachgebaut.

In Vinci geboren, verbrachte Leonardo jedoch den größten Teil seiner Jugend in Florenz. Schon früh interessierte er sich für das Zeichnen und Modellieren. Sein Vater zeigte einige seiner Zeichnungen dem Maler und Bildhauer Andrea di Verocchio, der die künstlerische Begabung des Jungen erkannte und ihn in seine Werkstatt aufnahm.

Aus der Werkstatt flog er aber nach ein paar Jahren raus, weil er mittlerweile besser malte als der Meister. Leonardo verknüpfte Wissenschaft mit Kunst. Er fühlte sich als Schüler der Natur dazu berufen, die Schönheiten

Anfahrt: In der Palazzina Uzielli sind die Kasse und ein Teil der Ausstellung untergebracht; im wenige Meter entfernten Schloss der Guidi findet man auf drei Etagen mit wunderbarer Aussicht vom Dach die maßstabsgetreuen Rekonstruktionen
Öffnungszeiten: März bis Oktober täglich 9.30–19 Uhr, November bis Februar 9.30–18 Uhr
Preise: Erwachsene 7 €, Kinder bis 14 Jahre 5 €, Kinder bis 6 Jahre frei
Alter: Ab 8 Jahre, technisches Interesse und logisches Denken Voraussetzung
Informationen: Museo Leonardiano, Palazzina Uzielli e Castello dei Conti Guidi, 50059 Vinci, Tel. +39/0571/93 32 51, www.museoleonardiano.it

Im Museum sind Leonardos Ideen in funktionierende Modelle umgesetzt.

der Natur selbst und im Zusammenspiel mit Menschen darzustellen. Merkwürdige Formen von Hügeln und Felsen, seltene Pflanzen und Tiere, Bewegungen des Wassers, Gesichter und Figuren von Menschen waren die Dinge, die ihn interessierten, die er in seiner Malerei und in seinen Naturstudien aufgriff und in Bildern und Modellen umsetzte.

Leonardo schuf zahlreiche Entwürfe für neue Maschinen. Er war fasziniert von der Mechanik und versuchte, die dahinterliegenden Gesetzmäßigkeiten zu erkennen. Besonders bedeutsam sind seine sehr genauen anatomischen und naturwissenschaftlichen Zeichnungen. Bereits zu Lebzeiten wurde er als *Uomo Universale*, als Allround-Genie verehrt.

Im MUSEUM sind eine Vielzahl seiner Studien und daraus abgeleitete Modelle zu sehen, die allesamt funktionsfähig sind. Da sieht man eine Art Helikopter mit spiralförmiger Luftschraube und das Modell eines Fahrrades mit Kettenantrieb, Krane und Hebelmaschinen, Flügel und Flugzeuge. Einige Modelle sind zum Anfassen und Ausprobieren. Durch ihre Größe und Anschaulichkeit vermitteln die Modelle die Technik sehr nachvollziehbar. Ganz nach dem Geschmack von kleinen und großen Jungs!

Der Mensch in seiner dritten Dimension. Dreidimensionales Modell der Zeichnung Leonardos.

18 Marmor aus Carrara

Fahrt in das weiße Gebirge

In den Bergen um Carrara befinden sich über dreihundert Steinbrüche, Marmor kommt hier nicht stellenweise vor, die Berge sind massiv aus Marmor! Wie Schnee glänzen die Gipfel in der Sonne. Eine faszinierende Fahrt in eine weiße Welt ohne Schnee!

Die Römer entdeckten die Steinbrüche von Carrara, aber erst der Bildhauer Michelangelo verhalf diesem Marmor zu weltweiter Berühmtheit. Der Marmor wird in drei Talbecken, den *Bacino di Fantiscritti*, *Bacino di Torrano* und *Bacino di Colonnata* gebrochen. Wie hart, gefährlich und schwierig die Arbeit in den Steinbrüchen vor dem Einsatz der Maschinen war, können wir uns heute kaum mehr vorstellen. Walter Danesi versucht dies in seinem CAVA-MUSEO im Abbaugebiet Fantiscritti deutlich zu machen. Anhand seiner kleinen, selbstgebastelten Modelle und der ausführlich beschriebenen Ausstellungsstücke kann man sich gut vorstellen, wie früher die Marmorblöcke aus dem Stein geschnitten und ins Tal transportiert wurden. Das Museum liegt mitten in einem der großen Abbaugebiete und ist unbedingt einen Besuch wert.

In den Orten gibt es mehrere Unternehmen, die geführte Touren in einen Steinbruch anbieten, beispielsweise MARMO TOUR. Mit einem Kleinbus und anschließend zu Fuß fahren und gehen wir in einen unterirdischen Steinbruch, der besonders reinen Marmor für Bildhauer bietet. Die Höhle ist so groß, dass eine ganze Kirche hineinpasst. Dazu gibt es Erklärungen zu Technik und Geschichte.

Eine Fahrt in die Berge um Carrara und eine Besichtigung der *cave*, der Steinbrüche, ist ein ganz besonderes Erlebnis. Wollen wir gerne in Ruhe die massiven Blöcke und die riesigen Maschinen be-

Anfahrt: Steinbruch von Hennaux an der Passhöhe der SP 13 von Seravezza nach Castelnuovo di Garfagnana
Preise: Erwachsene 9 €, Kinder 4 €
Fahrten: Täglich von 11–17 Uhr
Alter: Ab 8 Jahre
Informationen: Marmo Tour, Piazzale Fantiscritti 84 – Miseglia, Carrara, Tel. +39/339/765 74 70, www.marmotour. com; Cava Museo Souvenirs Walter di Danesi Gualtiero, Località Fantiscritti – Miseglia, Carrara, Tel. +39/0585/709 81, www.cavamuseo.com

trachten, so sollten wir diesen Ausflug sonntags unternehmen. Dann müssen wir nicht befürchten, den Lastwagen mit ihrer schweren Ladung in die Quere zu kommen. An Werktagen können wir dafür zuschauen, wie die tonnenschweren Marmorblöcke aus dem Berg geschnitten und abtransportiert werden. Unsere Tour führt von SERRAVEZZA in die Berge. Anfänglich sehen wir kleine Orte mit ihren Fabriken, welche die Steinblöcke verarbeiten. Wir folgen der Straße nach CASTELNUOVO. Nach 30 Minuten atemberaubender Kurvenfahrt, kurz vor dem Tunnel auf der Passhöhe, geht es links zur cava. Die Straße dorthin ist steil und schmal, aber der Blick in den Steinbruch grandios! Weiter geht es durch den Tunnel auf der

Sogar eine Eisenbahn baute man einst in die Berge, um den Marmor abzutransportieren.

Passhöhe hindurch. Gleich auf der anderen Seite links sehen wir den verlassenen Steinbruch HENNAUX. Hier können wir problemlos anhalten und uns das bizarre Panorama aus nächster Nähe ansehen. Zimmergroße Quader wurden hier aus dem massiven Gestein gesägt. Um zum Steinbruch zu gelangen, gehen wir durch einen wohl 20 Meter hohen Tunnel, der aus einem riesigen Gesteinsblock geschnitten wurde. Durch ihn wurden die Blöcke abtransportiert, die in der dahinter gelegenen cava gewonnen wurden. Je weiter sich der Steinbruch in die Tiefe fraß, umso tiefer wurde auch der Eingangstunnel ausgebaggert, der die cava mit der Straße verbindet.

Wenn wir genau hinschauen, erzählt uns der Steinbruch selbst vom Abbau des Marmors. Der Block wird aus der Wand als Bank (zehn Meter breit, sieben Meter hoch und drei Meter tief) herausgetrennt. Diese wiegt etwa

63

600 Tonnen. Drei Arbeiter sind zwei bis drei Tage mit dem Lösen einer Bank beschäftigt. Zuerst bohren sie ein Loch von ca. 8 Zentimetern Durchmesser von oben ins Gestein. Von der Seite her bohren sie dann ein zweites Loch. Diese beiden Bohrlöcher treffen sich im rechten Winkel nicht irgendwo im Bauch des Berges, sondern genau am vorberechneten Eckpunkt des Quaders. In die rechtwinklig verbundenen Bohrlöcher wird ein feines, mit Industriediamanten gehärtetes Stahlseil eingeführt. Über große Umlenkrollen treibt ein Motor dieses Seil an und schneidet sich langsam, aber beständig durch den Stein. So wird der Block Seite um Seite freigesägt.

Nordöstlich von Colonnata, eineinhalb Kilometer vom Ort entfernt, liegt auf 840 Metern Höhe das verlassene Bergdörfchen VERGHETO. Einstmals von Arbeitern der Steinbrüche in den Sommermonaten bewohnt, bietet sich von dort ein beeindruckender Ausblick über die umliegenden Berge und Marmorsteinbrüche. Von Vergheto führt der mit der Nummer 38 markierte Wanderweg aus dem Ort zur CIMA DEL VERGHETO. Die Aussicht auf die Marmorsteinbrüche ist grandios und auch für Kinder lohnend.

Schauen wir genau hin, finden wir die Bohrlöcher im Gestein sofort. Keile und mit Pressluft gefüllte Kissen wuchten den Block aus seiner Position. Die Präzision der Sägeschnitte ist erstaunlich.

Am dritten Sonntag nach Mariä Himmelfahrt findet alljährlich in COLONNATA, einem Dorf in den Bergen oberhalb Carraras, die SAGRA DEL LARDO statt. Im Mittelpunkt dieses Festes steht der *Lardo*, ein fetter Speck, der in Behältern aus Marmor zehn Monate lang mit Kräutern und Meersalz eingelegt wird. Für die Marmortröge eignet sich nur ein speziell ausgesuchter großkristalliner Carrara-Marmor. Das tägliche Mahl der Arbeiter bestand früher aus Brot, hauchdünnen Lardo-Scheiben, Zwiebeln, Tomaten und einer Flasche Wein. Das Fest erinnert an die alten Techniken und Methoden des Marmorabbaus. Den Höhepunkt bildet die LIZZATURA, der unvorstellbar mühsame und gefährliche Abtransport der Steine auf Schlitten an langen Seilen. Colonnata selbst ist fast vollständig aus Marmor erbaut: Gebäude, Plätze, Fußgängerwege und Denkmäler – alles aus Marmor.

La Grotta del Vento

Spektakuläre Windgrotte im Naturpark der Apuanischen Alpen

Ein Ausflug in die Garfagnana heißt, ins Gebirge zu fahren. Rund um dieses Hochtal ragen die karstigen Gipfel der Apuanischen Alpen bis zu 2000 Meter in die Höhe.

Hier, in der Nähe von Vergemoli, liegt die GROTTA DEL VENTO, eine beeindruckende Tropfstein-höhle mit einem oberen und einem unteren Zugang. In der Grotte befinden sich fantastische Stalaktiten und Stalagmiten, mit Kristallen verkrustete Seen sowie mehrfarbige Sinter-kaskaden. Die Grotte hat ihren Namen von dem Phänomen, dass im Winter die Luft in der Grotte wärmer als drau-ßen ist und deshalb aufsteigt. So ent-wickelt sich ein Sog nach oben. Im Sommer ist die Luft innen kühler, sinkt und führt zu einem Sog nach unten.

Stalagmiten und Stalagtiten? Wie war das noch mal? Welche hängen, welche stehen?

Der Einstieg in die Höhle befindet sich bei CANALONE DI TRIMPELLO, in der Nähe von Fornovolasco.

Es stehen fünf verschiedene Rundwege zur Auswahl, die von der Länge und Dauer her unterschiedlich sind. Pullover oder Jacke nicht vergessen, die Tempe-ratur in der Höhle beträgt ca. 10 °C! Am Eingang gibt es eine Bar, an der wir eine Kleinigkeit essen oder für ein Picknick einkaufen können. Der Picknickplatz ist vor dem Haus.

Anfahrt: Von Lucca Richtung Castel-nuovo Garfagnana; ab Gallicano aus-geschildert

Öffnungszeiten: Täglich geöffnet, Führungen: kurze Tour stündlich, mittlere Tour 11 Uhr, 15 Uhr, 17 Uhr, lange Tour 10 Uhr, 14 Uhr

Preise: Die Preise der verschiedenen Touren liegen zwischen 9 € und 20 € pro Person; Ermäßigungen für Kinder

Informationen: Grotta del Vento, Via Grotta del Vento 1, Comune di Verge-moli

20 Lago di Vagli

Ein See mit Tiefblick

Der Lago di Vagli ist der größte Stausee der Toskana. Er bietet einige Besonderheiten, die tief blicken lassen.

Der See liegt in der Provinz Lucca, in der Nähe von VAGLI SOTTO. 1947 errichtete die staatliche Elektrizitätsgesellschaft ENEL hier einen Staudamm zur Gewinnung von Strom. Die Staumauer hat die beeindruckende Höhe von 96 Metern und staut den Fluss Edron.

Im heute gestauten Tal befanden sich früher einige kleine Siedlungen, darunter der Weiler *Fabbriche di Careggine* mit ehemaligen Schmieden. Wenn der See alle zehn Jahre zur Wartung und Ausbaggerung abgelassen wird, tauchen die kleine Kirche und die Häuser des Ortes wieder auf und werden als *Paese Fantasma*, GEISTERDORF, zur Touristenattraktion. Das nächste Mal wird der See dann allerdings voraussichtlich erst um das Jahr 2024 wieder abgelassen.

In Vagli Sotto gibt es aber einen BOOTSVERLEIH. Der Verleiher zeigt uns den Ort, wo sich das geflutete Dorf befindet, und bei niedrigem Wasserstand können wir unter uns im Wasser zuerst den Kirchturm und dann die Häuser und andere Gebäude erkennen.

Da versteckt sich doch ein ganzer Ort darunter.

Anfahrt: Von Castelnuovo Garfagnana auf der SR 445 Richtung Aulla; in Località Codiponte ausgeschildert
Informationen: Den Zeitpunkt, wann der See abgelassen wird und das Geisterdorf zu erreichen ist, erfährt man unter www.ingarfagnana.it; Bootsverleih in Vagli Sotto

Piccolo Mondo in San Giuliano Terme

Kleine Welt ganz groß

Der Vergnügungspark Piccolo Mondo liegt ein paar Kilometer nördlich von Pisa in San Giuliano Terme. Er wurde von der Familie Fornaciai gegründet, die ihn auch heute noch betreibt.

Jippie! Los gehts!

Der Großvater hatte während der schwierigen Kriegsjahre den Grundstein zum Vergnügungspark gelegt, als er das erste, damals noch handbetriebene, HOLZKARUSSELL konstruierte, um den Kindern Abwechslung zu bieten und sie zum Lachen zu bringen. Das alte Holzkarussell gibt es nicht mehr, aber dafür hat der Spielpark Piccolo Mondo heute die mit 40 Meter höchste Rutsche der Toskana. In den letzten Jahren deutlich vergrößert, ist aus dem etwas verstaubten Park ein moderner, großer Vergnügungsbetrieb geworden. Damit sich die Eltern nicht langweilen, gibt es neben der KART-BAHN für die Kleinen eine für die Großen und einen CRAZY BUFFALO, ein Rodeo, das noch keiner der Papas geschafft hat. Für die Kleinen gibt es einen Piratenstrand, ein Piratenschiff und eine Piratenrutsche. Bar, Pizzeria und Restaurant bieten Snacks und mehr.

Anfahrt: An der SP 9 nördlich von Pisa gelegen; von der SS1 Aurelia in Madonna delle Acque auf der SP 9 nach San Giuliano Terme und von dort der Beschilderung folgen
Öffnungszeiten: Juni bis September täglich 11–21 Uhr, Oktober am Wochenende 11–21 Uhr
Preise: Parken und Eintritt sind kostenlos. Man zahlt pro Fahrgerät und Attraktion. Dafür kauft man Wertmünzen-Pakete in unterschiedlichem Wert und Anzahl.
Alter: Ab 6 Jahre
Informationen: Piccolo Mondo Parco Divertimenti, Strada Provinciale 9, San Giuliano Terme, Pisa, Tel. +39/338/772 67 11, www.piccolomondo.it

22 Orecchie lunghe, passi lenti

Lange Ohren, kleine Schritte

So heißt der Bauernhof und die Non-Profit-Organisation in der Nähe von Collemontanino, der sich Eseln verschrieben hat. Mit den sechs Eseln Gaia, Gioconda, Libero, Allegra, Linda und Serena können Kinder wunderschöne Stunden im Wald verbringen.

»Es waren mal zwei Eselchen …«, so beginnt die Geschichte der Organisation. Tochter GAIA und Mutter GIOCONDA waren Teil einer Herde, die, auf dem Tiermarkt in Tirano gekauft, im Val Lia aufwachsen und eines Tages in den Restaurants der Umgebung als leckere Wurst auf der Speisekarte stehen sollten. Vier Kinder, Martina, Filippo, Christiano und Pietro, die in der Nähe mit ihren Eltern die Ferien verbrachten, kamen auf den Hof und die beiden Eselchen wurden ihre besten Spielkameraden. Im Herbst mussten die Kinder wieder in die Schule, kamen aber jedes Wochenende, um ihre Esel zu besuchen. Als die Esel im November zum Metzger sollten, brachten die Kinder ihre Tante Luisella mit und die ließ sich von ihnen überzeugen, dass diese beiden Esel nicht als Wurst enden sollten. Sie nahm sie mit zu sich in die Toskana nach Casciana Terme! Vom Bauernhof der Signora LUISELLA TRAMERI kommen wir so schnell nicht wieder weg. Hier ist alles ein bisschen unbeschwerter als anderswo. Irgendwie rückt alles ein bisschen beiseite, die Natur tritt in den Vordergrund und im Mittelpunkt stehen natürlich die Esel. Luisella sagt, dass der Esel so lange dem Menschen bei der Arbeit geholfen habe, dass wir ihm dafür ein bisschen dankbar sein müssten. Luisella spricht zwar kein Deutsch, aber dafür wunderbar mit Händen, Füßen und Herz. Sie hat gemeinsam mit ihrem Partner Eric ein Stückchen Wald in das *regno della fantasia*, das KÖNIGREICH DER FANTASIE, verwandelt. Die beiden haben ein

Anfahrt: 20 Kilometer südöstlich von Pisa zwischen Casciano Alta und Casciano Terme an der SP 63 vor Collemontanino; dort ausgeschildert
Öffnungszeiten: Jeden Vormittag von 8.00 bis 13 Uhr
Preise: 25 €, mindestens zwei Kinder
Alter: Ab 6 Jahre
Informationen: Orecchie Lunghe e Passi Lenti, Collemontanino – Casciana Terme, Rif. Luisella Trameri, Tel. +39/340/092 97 57, www.orecchielunghe.it

gutes Gespür und viel Geduld, wenn es darum geht, Kindern Natur und Tiere nahezubringen. Die Kinder können die Tiere führen, striegeln, füttern, mit ihnen spazieren gehen. Sie veranstalten Schnitzeljagden mit den Eseln, die Esel tragen das Material, damit wir im Wald lustige Sachen bauen können. Hier können wir auch auf dem Hof und dem Gelände picknicken oder Musik machen. Wir verbringen Stunden im Freien mal ganz anders, intensiv und irgendwie berührend. Und wem ein Esel das Herz erweicht hat, der kann ihn adoptieren.

Komm, wir machen zusammen einen Ausflug! Ich trag dir die Sachen, du zeigst mir den Weg.

PISA

23 Der schiefe Turm von Pisa

Die Rettung des Campanile

Vor zwanzig Jahren war die Neigung des Turms so stark geworden, dass er tatsächlich zu kippen drohte. Der Turm durfte nicht mehr bestieg werden, man legte Stahlseile um ihn und hielt ihn so aufrecht. Dann begann das große Rätselraten: Wie verhindern wir, dass der Turm sich noch weiter neigt und schließlich umkippt?

Was haben die denn nur alle? Von hier sieht er eigentlich gar nicht so schief aus …

Einige meinten, ein Gegengewicht aus Beton könnte helfen. Aber das notwendige Gewicht wäre so schwer, dass das Ganze im Boden versinkt, tatsächlich sehen wir, dass der Turm auch so schon ein gutes Stück in den Boden gesunken ist. Andere wollten Pfähle in den Boden rammen, um diesen zu stabilisieren. Ein englischer Ingenieur hatte schließlich die Idee, den Turm sich genau so wieder selbst aufrichten zu lassen, wie er kippte! Die Idee war so simpel wie genial, und man begann umgehend, sie in die Tat umzusetzen. Einfach gesagt, grub man nur ein Loch auf der Seite, in die der Turm sinken sollte, damit er

Anfahrt: Auto: Der Beschilderung zum Checkpoint folgen, dort großer Parkplatz mit Bar und Toiletten; vom Parkplatz in 10 Minuten den Schildern folgend zum Dom. Bahn: Vom Bahnhof zum Dom mit Bus Nr. 4; Fahrkartenverkauf im Tabacchi
Öffnungszeiten: März und Oktober: Turm 9–19 Uhr, Kathedrale 10–18 Uhr, Baptisterium und Camposanto 9–18 Uhr, April bis September: Turm 9–20 Uhr, Juli und August bis 22 Uhr, Kathedrale 10–20 Uhr, Baptisterium und Camposanto 8–20 Uhr
Preise: Turm: 18 €, nur mit Reservierung vor Ort oder vorab online; der Eintritt für die Kathedrale ist grundsätzlich frei, man muss aber trotzdem ein Biglietto haben; Baptisterium und Camposanto je 5 €; der Preis ist nach Anzahl der Objekte gestaffelt; Kinder bis 10 Jahre frei außer Turm, Kinder bis 8 Jahre dürfen nicht auf den Turm!
Informationen: OPA Opera della Primaziale Pisana, Piazza Duomo 17, 56126 Pisa, Tel. +39/050/83 50 11, www.opapisa.it

wieder gerade steht. Der Turm kippt zwar weiter, nun aber in die andere Richtung in das gegrabene Loch und richtet sich damit selbst wieder auf. Im Juni finden in Pisa zwei Veranstaltungen statt, die sich

gut mit einem Stadt-bummel und einem Besuch der Piazza dei Miracoli kombinieren lassen. Am 16. Juni jeden Jahres gibt es ein traditionelles Fest zu Ehren des **STADT-HEILIGEN SAN RA-NIERI**. Am Vorabend seines Namenstages wer-den alle elektrischen Lich-ter am Flussufer des Arno gelöscht. Stattdessen wer-den die Promenade und die Straßen entlang des Flusses mit abertausenden Kerzen beleuchtet. Die Stadt erstrahlt an dem Abend in einem intensiven, zauberhaften Licht.

Am Ufer des Arnos steht die kleine Kirche Santa Maria della Spina. Mit einem echten Dorn aus der Dornen-krone Jesu Christi!

Immer am letzten Junisonntag findet das sogenannte **GIOCO DEL PONTE** statt. Auf der ältesten Arno-Brücke, dem *Ponte di Mezzo*, kämpfen die Stadtviertel des Nordens gegen die des Südens um ihre »Ehre«. Dabei versuchen starke Männer aus dem Norden einen sieben Tonnen schweren Wagen über die Brücke zu schieben.

Selbstverständlich versuchen die Männer des Südens dies zu verhindern. Dieses bunte Spektakel findet in histori-schen Kostümen statt und macht auch den Zuschauern sehr viel Spaß!

HEY KIDS,
OPA ist kein Großvater, sondern die Abkürzung der Dombauhütte: Opera della Primaziale Pisana.

PROVINZ
LIVORNO

Die schönsten Strände

Die Etruskische Küste umfasst die Küstenregion der Provinz Livorno von der Hauptstadt **Livorno** bis zur Hafenstadt **Piombino**. Die Strände sind sehr weitläufig, frei zugängliche Strandabschnitte wechseln sich mit sehr gepflegten und gut ausgestatteten Badeanstalten ab. Dieser Küstenabschnitt ist für Familien geeignet, die nicht nur baden, sondern auch das Land hinter dem Strand erkunden möchten.

Cecina Mare ist der erste Badeort, den wir von Volterra aus am Meer erreichen. In der näheren Umgebung von Cecina Mare finden wir lange Strandabschnitte mit kleineren Buchten. Die sandig bis kiesi-gen flachen Strände sind auch sehr gut für Kinder geeignet. Freie Strandabschnitte sind in dieser Region der toskanischen Küste oft zu finden. Der Zugang zu den Stränden erfolgt durch den schattigen Pinienwald. In Cecina befindet sich auch ein großer Acquapark.

Marina di Castagneto Carducci ist ein hübscher Badeort mit einem vierzehn Kilometer langen Sandstrand. Der dem Ortszentrum vorgelagerte Strand ist komplett von Badeanstalten belegt. Nördlich des Zentrums ist der Großteil des Strandes frei zugänglich.

VADA bietet schöne Strände, die vom Landesinneren aus gut er-

An der etruskischen Küste gibt es Dünen zum Klettern und Graben …

… Felsen zum Springen und Salto üben …

reichbar sind. Außerdem strahlen die Strände einen Hauch von Exotik aus! Hier ist der Sand weiß, das lässt an ferne Länder denken, die Farbe stammt aber eigentlich nur von der Sodafabrik *Solvay* in Rosignano. Der Strand ist weitläufig und flach, ideal zum Sandburgen bauen!

San Vincenzo ist einer der bekanntesten Badeorte an der *Costa degli Etruschi*. San Vincenzo ist eine charmante Kleinstadt mit vielen, auch günstigen Übernachtungsmöglichkeiten, einer schönen Altstadt mit guten Restaurants, Boutiquen und Geschäften sowie einem gut ausgebauten Jachthafen. Zum Badeort San Vincenzo gehört ein ca. drei Kilometer langer Strand mit guten Bademöglichkeiten. Der feine Sandstrand fällt flach ins Meer ab, ideal für Kinder. Seit vielen Jahren erhält San Vincenzo die Auszeichnung der Blauen Flagge für die Sauberkeit des Wassers und den guten Service.

Der **Naturpark Rimigliano** zwischen San Vincenzo und dem Golf von Baratti ist eine Oase für Tiere und Pflanzen in herrlicher Landschaft mit wunderbaren Sandstränden. Der Sandstrand des Naturparks erstreckt sich über eine Länge von sechs Kilometern. Es gibt dort keine Strandbäder, aber hin und wieder öffentliche sanitäre Einrichtungen und Duschen, Picknickbereiche und eine Raststätte.

Das **Vorgebirge von Piombino** bietet zwei schöne Strände: Die

… und klares Wasser zum Schnorcheln und Korallen suchen.

Cala di San Quirico und die verwunschene Feenbucht, die **Buca delle Fate**. Der Abstieg zu dieser führt an Dutzenden etruskischer Gräber vorbei. Beide Wege sind von Populonia aus sehr gut beschildert.

Der **Golf von Baratti** ist zauberhaft gelegen. Eine seichte Badebucht lockt mit schönem Sand und schattenspendender Pineta. Einer der schönsten Strände der gesamten Küste! Zwei kleine Restaurants sorgen für Speis und Trank.

24 Acqua Village Cecina

Ein Vergnügungspark aus Wasser

In Cecina und Follonica gibt es je eine riesige auf Wasser basierende Freizeitanlage. Die Anlagen bieten vom Schwimmbecken bis zum Fußballplatz, von der Kreiselrutsche bis zum Trampolin, vom Shop bis zum Dampfbad einfach alles.

Auf die Plätze, fertig, los! Wer Erster unten ist!

Die **AQUA VILLAGES** sind Erlebnisbäder, in denen sich Jung und Alt wohl fühlen. Für »Jung« interessant sind die sechs Rutschen, das Trampolin, der Fußballplatz, die Plansch- und Schwimmbecken, für »Alt« wohl eher die Wellenbäder. Das Angebot ist abwechslungsreich. Es sind tolle Anlagen, die sowohl zum gemütlichen Verweilen als auch zum spannenden Abenteuer einladen. Die Acqua Villages sind Freibäder. Sie öffnen um den 1. Juni und schließen unterschiedlich, etwa wenn man Ende September mit Sicherheit sagen kann, dass der Sommer vorbei ist. Bars und Restaurants bieten Platz zum Ausruhen sowie zu essen und zu trinken, außerdem gibt es genügend Picknickplätze.

Anfahrt: Auf der Autobahn A 12 Livorno–Civitavecchia bis zur Ausfahrt Rosignano; auf der SS 1 Aurelia in Richtung Grosseto bis Ausfahrt Cecina Centro, weiter Richtung Cecina Mare, dort ausgeschildert
Öffnungszeiten: Ab Anfang Juni von 10–18 Uhr
Preise: Erwachsene 22 €, ab 15 Uhr 15 €, Kinder bis 12 Jahre 15 €, ab 15 Uhr 10 €, Kinder bis 3 Jahre frei, Parken in Cecina gratis, in Follonica 2 €
Informationen: Acqua Village Cecina, Via Tevere 25, 57023 Cecina Mare, Tel. +39/0586/62 25 39; Acqua Village Follonica, Via Sanzio, Zona Capannino, 58022 Follonica, Tel. +39/0566/26 37 35, www.acquavillage.it

Cavallino Matto in Marina di Castagneto

Was nicht nur Kindern Spaß macht

Der Park Cavallino Matto – Verrücktes Pferdchen – ist der größte Freizeitpark der Toskana. Das Thema dieses Parks kann man in etwa als eine Mischung aus Märchenpark und Volksfest beschreiben.

Der Freizeitpark ist für Kinder unterschiedlicher Altersstufen geeignet. Ein nostalgisches Pferdekarussel am Anfang des Parks und gemütlich fahrende Kanus auf einer Wasserbahn sind für kleinere Kinder gedacht. Für die größeren gibt es zahlreiche Fahrgeschäfte. Der **SHOCKING TOWER** und das Karussell **YUKATAN** sind eher etwas für stärkere Nerven, wobei der Shocking Tower in 50 Metern Höhe noch eine tolle Aussicht bis hinüber zur Insel Elba bietet. Daneben gibt es ein paar Hüpfburgen, Spielplätze, ein Baum-

Ein Riesenspaß, und hoch hinaus! Auch wenn es uns ganz gehörig schwindlig wird.

haus, ein Labyrinth und zahlreiche weitere Anlagen. Höhepunkt des Parks sind die magischen Wassershows, die über den Tag verteilt stattfinden.

Anfahrt: Auf der Autobahn A 12 Livorno–Civitavecchia bis zur Ausfahrt Donoratico und weiter in Richtung Marina di Castagneto Carducci; einen Kilometer nach der Ausfahrt liegt der Freizeitpark
Öffnungszeiten: Mai, Juni und September 10–18 Uhr, Juli und August 10–20 Uhr
Preise: Erwachsene 22 €, ermäßigt 17 €, Ermäßigung nach Körpergröße: unter einem Meter kostenlos, bis 1,30 Meter ermäßigt
Informationen: Cavallino Matto, Via Pò 1, 57024 Marina di Castagneto, Tel. +39/0565/74 57 20, www.cavallinomatto.it

26 Ausflug nach Elba

Auf Napoleons Spuren

Der Name Elba kommt von Ilva, die Eisenreiche, wie die Römer die Insel nannten. Außerdem ist die Insel bekannt, weil Napoleon hier in Verbannung lebte. Ganz unabhängig von beidem ist Elba eine wunderschöne Insel und einfach einen Ausflug wert.

Elba ist eine auch unter Italienern sehr beliebte Ferieninsel. Elba erreicht man nur von Piombino aus mit einer der Fähren der Gesellschaften Toremar, Moby oder BluNavy. Im Sommer zur Hauptsaison führt das regelmäßig zu großem Andrang und langer Wartezeit. Bevor Elba als Badeparadies entdeckt wurde, war es wegen seiner Eisenvorkommen begehrt. Den Anfang machten die Etrusker im 8. Jahrhundert v. Chr. und erst 1982 wurde die letzte Mine geschlossen. Der Name der Hauptstadt – PORTOFERRAIO – bedeutet Hafen und Eisen. Ein weiterer bedeutender Wirtschaftszweig war der Abbau von GRANIT. Die Säulen des Doms in Pisa stammen von hier.

> Der Wanderpfad Nr. 35 führt aus dem Ort San Piero zu alten GRANITSTEINBRÜCHEN. Entlang des Weges können wir Reste von Blöcken oder Säulen erkennen. Eine tolle Wanderung zum Aufspüren und Entdecken für Kinder.

Preise: Kreuzfahrt nach Personenzahl auf Anfrage; Fähre einfache Fahrt: Erwachsene ca. 15 €, Kinder bis 14 Jahre ca. 10 €, Auto ca. 35 €, in der Hauptsaison mit Auto unbedingt vorab buchen; Bus: für Touristen gibt es im Büro der A.T.L. für 8,50 € eine Elbacard, mit der man für einen oder sechs Tage freie Fahrt hat Abfahrt: Kreuzfahrt 9 Uhr, Rückkehr ca. 19.30 Uhr; Fähre verkehrt täglich stündlich
Informationen: MaremmaStyle, Piazza Repubblica 13, 58043 Castiglione della Pescaia, Tel. +39/0564/93 54 34, www.maremmastyle.it; Fähren www.mobylines.de, www.ok-ferry.de, www.toremar.it, www.blunavytraghetti.com; A.T.L. – Bus Isola d'Elba, Viale Elba, 57037 Portoferraio, Tel. +39/0565/91 47 83 oder +39/0565/91 43 92

Elba ist eine Insel und dahin kommen wir nur mit dem Schiff.

Der **MONTE CAPANNA**, mit 1019 Metern der höchste Berg der Insel, ist das geografische Herzstück der Insel. Auf der Ostseite des Berges findet man eine große Vielfalt an Mineralien und Eisenoxiden von den unterschiedlichsten Farben und Kristallisierungen. Auf der Westseite der Insel Elba befinden sich die Granitsteinbrüche. Die zwei Gesichter der Insel spiegeln sich deutlich in den beiden Orten **SAN PIERO** und **RIO MARINA** wider. In San Piero sind die Straßen und Plätze, die Brunnen und Türen der Häuser aus Granit. Fahren wir nach Rio Marina, sehen wir die Spuren der Eisenverarbeitung. Die Fassaden der Häuser von Rio sind vom eisenhaltigen Staub dunkel, wir sehen die Reste der Anleger, der Hochöfen und der Schlacken.

In **PORTOFERRAIO** fallen zuerst die imposanten Burganlagen Forte Falcone und Forte Stella ins Auge, die die Medici im 16. Jahrhundert zur Verteidigung der wertvol-

> HEY KIDS,
> das Gestein PYRIT wird durch seine metallische Farbe, die dem Gold sehr ähnlich ist, auch Das Gold der Dummen genannt.

len Erzvorkommen erbauen ließen. Von den Wehrgängen aus genießen wir einen wunderbaren Blick auf den Hafen, die Stadt und auf die umliegenden Strände.

Bei einem Spaziergang durch Portoferraio landen wir immer wieder auf dem stets lebendigen Hauptplatz, der Piazza Cavour mit Bars, Restaurants und Eisdielen. Am Rande der Piazza steht das alte Stadttor Porta a Mare, einst einziger Zugang zur Altstadt. Wie der Name schon sagt, führt es direkt zum Meer. Durch das Tor kommen wir zum Strand LE GHIAIE. *Ghiaie* sind die weißen Kieselsteine, die die blaue Farbe des Meeres erst richtig zur Geltung kommen lassen.

Eine Straße führt aussichtsreich immer an der Küste entlang um die Insel. Alle paar Meter gibt es beschilderte Aussichtsplätze, die auch wirklich schöne Blicke die Küste entlang bieten. So gelangen wir nach PROCCHIO und MARCIANO MARINA, Urlaubsorte mit schöner Promenade und leckerem Eis. Schon kurz nach Portoferraio geht es links ab zur VILLA SAN MARTINO, dem Haus und unspektakulären Museum des Verbannten Napoleon.

Der Strand La Biodola bei Procchio auf Elba

Das alte *Cervinia*, heute **PROCCHIO**, ist einer der weitesten und am besten ausgestatteten Sandstrände der Insel. In Marciano Marina verlässt die Straße die Küste und führt zu dem malerischen, wie ein Adlerhorst über dem Meer gelegenen Ort **POGGIO** hinauf. Der Blick ist fantastisch. Ein hübscher Ort mit einer tollen Bar: Dolce Vita. *Piadine* heißt das belegte Fladenbrot auf Elba und nirgends schmeckt es so gut wie auf der Aussichtsterrasse der Bar.

Auf der Höhe bleibend, führt die Straße nach **MARCIANO** mit seiner großen Festung. Im Wald in einer Rechtskurve steht ein Brunnen, die Fonte Napoleone. Hier fließt bestes Mineralwasser für jedermann aus dem Berg. Man erkennt die Quelle daran, dass sicher gerade jemand Wasser in Kanister abfüllt.

Ein Stück weiter führt eine Seilbahn auf den **MONTE CAPANNA**. Die Fahrt ist spektakulär

HEY KIDS,
Napoleon war auf Elba nicht besonders beliebt. Für die Großen führte er Verkehrsregeln und für die Kinder die Schulpflicht ein.

aus zwei Gründen – der grandiose Blick und die Bahn selbst: Man steht zu zweit in kleinen, offenen Metallkörben.

Wer ohne Auto nach Elba fährt, kann die Insel mit den öffentlichen Bussen erkunden. Die blauen Busse verbinden die wichtigsten Ortschaften der Insel, von Juni bis September werden sie von dem sogenannten Marebus ergänzt, der die Verbindung zu den Stränden in den Gemeinden Portoferraio, Marciana, Rio nell'Elba und Capoliveri herstellt. Das System ist zwar ausgereift und dicht gewebt, allerdings kann ein in der Kurve geparktes Auto alle Fahrpläne über den Haufen werfen.

Das Städtchen Marciana bietet einen schönen Blick auf Poggio.

Wer gerne einen geruhsamen Tag auf dem Wasser verbringen und dabei noch ganz nebenbei nach Elba kommen möchte, für den bietet sich eine **MINIKREUZFAHRT** als schöne Alternative an. Die *minicrociera* des Veranstalters **MAREMMASTYLE** startet morgens im Hafen von Castiglione della Pescaia. Das Boot schippert gemütlich an der Küste entlang Richtung Norden. Die Fahrt führt an der Burg Le Rochette und dem Strand Punta Ala vorbei, bevor das Schiff sich von der Küste entfernt und auf die *Schwanzflosse* von Elba (von oben sieht die Insel aus wie ein Fisch) zusteuert. An dieser entlang legt das Boot schließlich in Portoferraio an. Dort haben wir den Tag zur freien Verfügung. Allerdings lohnt in den ca. fünf Stunden nicht mehr als die Besichtigung der Stadt Portoferraio, ein Abstecher zum Strand *Le Ghiaie* und vielleicht eine Fahrt zur Napoleonvilla San Martino oder nach Marina del Campo. Auf der Heimfahrt umrundet der Kapitän die Insel, wir sehen einen Steinbruch im Wasser bei Seccheto, und gehen schließlich an einer einsamen Bucht vor Anker. Dort springt, wer will, direkt vom Schiff aus ins Meer und planscht ein halbes Stündchen im Wasser. Wieder an Bord gibt es Stärkung aus der Küche für die Heimfahrt nach Castiglione. Das Boot hat Toiletten, eine Bar und bietet auch Mittagessen an Bord an.

Pescaturismo am Porto di Talamone

Vom harten Brot der Fischer

Erleben wir das Meer einmal anders und ziehen mit den Fischern auf ihren Fischkuttern los. So erfahren wir die Meereswelt und die Knochenarbeit auf unmittelbare Art und Weise. Vor allem für Kinder ein Abenteuer und unvergessliches Erlebnis.

Der Fischer Paolo Fanciulli legt frühmorgens am Hafen von Talamone mit seinem Fischerboot **SIRENA** ab in Richtung *Isola del Giglio* oder *Punta Ala*. Auf der Fahrt nach Norden zeigt Paolo uns aus der Nähe ein paar Stellen am Ufer, wo Falken oder Möwen auf den Felsen ihre Nistplätze haben. An Bord gibt es Frühstück, laut, eng und einfach. Die Sirena fährt an schönen Grotten vorbei, am Felsen von Frontone, auf dem Wanderfalken nisten, und zur *Cala di Forno*, einem antiken Hafen.

Dann beginnt das Fischen – der ganze Zyklus, beginnend mit dem mühseligen Auswerfen der Netze unterhalb der Monti dell'Ucellina. Sind die Netze unter Berücksichtigung der Strömung, der Winde, der Tiefe ausgeworfen und befestigt, fährt Paolo zu den Stellen, wo er gestern Netze ausgeworfen hat, die heute eingeholt werden müssen. Das passiert mit Winden. Sind die Netze mit ihrem zappelnden Inhalt an Bord, müs-

Geduldig erklärt Paolo was sich alles im Meer befindet.

Anfahrt: Von der SS 1 Roma–Grosseto bis zur Ausfahrt Fonteblanda. Weiter in Richtung Talamone und zum Hafen; kostenpflichtige Parkplätze am Hafen und weitere ausgeschildert; dort liegt dann auch die Sirena
Informationen: Pescaturismo Sirena von und mit Paolo Fanciulli, Porto di Talamone, Tel. Tel. +39/333/284 61 99, www.paoloilpescatore.it

TIPP

Goldener Sand, azurblaues Meer und dunkelgrüne Pinienwälder – was wie ein Klischee klingt, finden wir an der SPIAGGIA DI OSA. Dazu eine Bar, um sich mit Eis und Getränken zu erfrischen. Der Strand liegt zwischen Talamone und Albinia. Von der SS 1 Aurelia im Abschnitt zwischen den Ausfahrten Fonteblanda und Albinia folgen wir den Wegweisern nach Campeggi.

sen die Fische meist einzeln aus den Netzen geholt werden. Je nach Saison sind Barsche, Muränen, kleine Thunfische oder Barben im Netz. Zur Begeisterung vor allem der Kinder erklärt Paolo jedes Meerestier ausführlich und sehr geduldig. Sprachbarrieren existieren nicht, da er perfekt mit Händen und Füßen redet. Müde, zufrieden und stolz über den Fang ist jetzt Gelegenheit zu einem Bad im Meer. Dazu fährt Paolo seine Gäste mit dem Beiboot ans Ufer, in die *Cala di Forno*. Angezogen vom Duft des Grills sind alle aber wieder rechtzeitig zum Mittagessen an Bord der Sirena. Was wird gegessen? Brot, Olivenöl und der soeben gefangene Fisch.

Paolo, der Fischer, hat unser Mittagessen geangelt.

Acquario Mediterraneo 28

Das Mittelmeeraquarium in Porto Santo Stefano

Wer unter die Oberfläche der toskanischen Küste gehen will, dem sei das Acquario Mediterraneo in Porto Santo Stefano empfohlen. Dort sind die Ökosysteme, die sich direkt vor der Küste der Toskana befinden, im kleinen Format nachgebildet und ausgestellt.

Im malerischen Örtchen Santo Stefano ist das Aquarium der Maremma beheimatet. In 17 Becken gibt es die Unterwasserwelt der Maremma zu bestaunen: Kraken, Krebse, Seeteufel, Katzenhaie, Meeräschen, Muränen, Seepferdchen, Langusten, Makrelen und andere Meerestiere in ihrem jeweiligen Ambiente. Ein sehr schönes und didaktisch gut aufgebautes Aquarium. Im Obergeschoss sind außerdem 100 Muschelarten aus Mittelmeer, Rotem Meer, Pazifik und Atlantik ausgestellt.

Noch bevor wir den Monte Argentario erreichen, haben wir traumhafte Blicke auf Porto Santo Stefano.

Anfahrt: Auf der SS 1 Aurelia bis zur Ausfahrt Albinia, von dort über den Lagunendamm Richtung Porto Santo Stefano; im Ort am Hafen entlang bis an dessen Ende und am Beginn der Strandpromenade, dem Lungomare, parken; von hier wenige Minuten zu Fuß

Öffnungszeiten: Di bis Fr 15–19 Uhr, Samstag und Sonntag 10.30–12.30 Uhr und 15–19 Uhr

Preise: Erwachsene 5 €, Kinder von 5 bis 12 Jahren 2 €

Informationen: Acquario Mediterraneo, Lungomare dei Navigatori 44, 58019 Porto Santo Stefano, Tel. +39/05 64/81 59 33, www.acquarioargentario.it

CHIANTI

29 Greve in Chianti

Eine kleine Hauptstadt des Chianti

Greve in Chianti liegt ziemliche genau in der Mitte zwischen Florenz und Siena. Greve ist der größte Ort im Weinanbaugebiet des Chianti Classico und der Mittelpunkt der Region. Man kann Greve getrost die Hauptstadt des Chianti nennen.

Das Zentrum des Ortes bildet die weitläufige **PIAZZA MATTEOTTI**. Sie ist von netten Häusern umstanden und vollständig von Arkaden umgeben. Diese laden geradezu zum Bummeln ein. Hier haben sich verschiedene Läden niedergelassen, wir finden schöne Schneidebretter aus Olivenholz, ein Laden bietet tolle Messer mit gehärteten Klingen oder Griffen aus Horn an. Postkarten, Zeitung und Briefkasten fin-

Zwei, die gut zusammen passen: Crostini al fegato und Chianti.

det man auf der Nordseite. Kommen wir aus Florenz, lenkt uns die Nase gleich am Beginn des Platzes nach rechts zur Bäckerei, wo ungesalzenes toskanisches Brot neben süßen Kringeln, den *Ciambelle* liegt. Den Höhepunkt bildet die **METZGEREI FALORNI**, die seit über hundert Jahren hier ihr Geschäft betreibt. Sie ist leicht zu erkennen: Draußen steht ein uralter Lieferwagen, der

Anfahrt: Greve in Chianti liegt an der SS 222 Chiantigiana; Parkmöglichkeit mit Parkschein auf der Piazza Matteotti oder jeweils am Ortseingang entlang der Straße
Informationen: Metzgerei Falorni, Via di Colognole 67, 50022 Greve in Chianti, Tel. +39/055/85 43 63, www.falorni.it

Die Piazza von Greve. Sie bietet genug Platz für den Markt und ein Ferraritreffen!

heute noch regelmäßig zwischen Fleischerei und Laden pendelt. Die Wurst stammt ausschließlich von regionalen Schweinerassen, deren Erhalt, so paradox das klingt, durch die Wurstherstellung erst gesichert ist. Die Rinderrasse *Chianina* und die Schweinerasse *Cinta Senese*, die so typisch für die Toskana sind, werden speziell für die toskanischen Wurstspezialitäten wie Fenchelsalami oder Trüffelsalami oder den herzhaften Rinderschinken *Scelto di Bresaola* gezüchtet. Auch die Wildschweine der toskanischen Wälder geben ein vorzügliches Fleisch für die Verarbeitung zu Wurst her. All das bietet *Falorni*. Im großen Laden kann man natürlich einkaufen, es macht aber auch Spaß, einfach nur zu schauen.

Gegenüber liegen einige gemütliche Lokale, von denen aus sich das Treiben auf der Piazza schön beobachten lässt. Diese Lokale führen ausge-

91

zeichnete Weine, natürlich Chianti, die wir hier kosten können. Zum Glück gibt es auch leckeres Eis!

Samstags ist Wochenmarkt und regelmäßig finden in Greve Treffen irgendwelcher Ferrariclubs oder sonstiger Oldtimervereinigungen statt, die eine Ausfahrt machen und in Greve ihre Schätze bewundern lassen.

Auch wenn wir mit Kindern unterwegs sind, müssen wir ihn einfach probieren: den Chianti Classico. Er kommt aus dieser, in über 700 Weingüter aufgeteilten Hügellandschaft. Bereits 1444 schlossen sich Radda, Gaiole und Castellina in der *Lega del Chianti* zusammen, die feste Regeln für die Güte des hier erzeugten Weines festlegte. 1874 setzte der Baron Bettino Ricasoli ein Mischungsverhältnis für den *Gallo Nero* fest, das unverändert noch heute gilt: Weine, die als Gütesiegel den schwarzen Hahn auf dem Etikett am Flaschenhals führen wollen, müssen aus 75 bis 90 Prozent Sangiovesetrauben und fünf bis 15 Prozent Canaiolo sowie höchstens zehn Prozent der weißen Sorten Malvasia oder Trebbiano bestehen. In den letzten Jahren regt sich bei jungen Winzern Widerstand gegen diese starren Vorschriften: Wer etwa einen rebsortenreinen Chianti keltert, dem wird das DOC-Siegel verwehrt und der Wein kommt als *Vino da tavola* auf den Tisch.

Sehen wir das Schild VENDITA DIRETTA an einem Haus am Wegesrand oder nur als Schild, lohnt vielleicht ein Abstecher. Es handelt sich um Weinbauern, die ihre eigenen Weine direkt vertreiben. Im Keller oder im Hof mit Blick auf die Weinberge können wir den Wein verkosten und zu fairen Preisen erwerben.

Weitere gehaltvolle Rotweine sind die Chiantiweine der senesischen Hügel sowie die Rotweine aus dem unteren Arnotal bei Carmignano und Montalbano. Zu den berühmtesten Rotweinen gehören der körperreiche und tanninbetonte *Brunello di Montalcino*, der nur aus Sangiovesetrauben gekeltert wird und mindestens vier Jahre in Holzfässern lagern muss, der rubinrote *Vino Nobile di Montepulciano* aus Sangiovese und Canaiolo, der *Morellino di Scansano* aus der Maremma und *Sassicaia* und *Ornellaia* aus Bolgheri. Bekannte Weißweine sind der goldfarbene *Vernaccia* aus San Gimignano, der *Bianco di Montecarlo* und der *Bianco Vergine,* der jungfräuliche Weiße aus der Gegend um Cortona.

Wanderung nach Lucarelli

Wir sammeln Mikadostäbchen

Der kleine Ort Panzano ist Grenzort zwischen Florenz und Siena. Die Straße führt über eine lebhafte Piazza am alten

Ortskern vorbei. Parkplätze gibt es wenige Meter vor der Piazza aus oder in Richtung Florenz. Eine sehr schöne Wanderung führt uns auf bequemen Wegen durch die wunderschöne Landschaft immer abwärts zu den Häusern von Lucarelli.

Los gehts! Hier in Panzano startet unsere kleine Wanderung.

Auf der Piazza in Panzano gibt es einige Bars. Beim Zeitungskiosk links beginnt die Straße XX Luglio. Wir folgen dieser Straße und biegen nach 500 Metern rechts zum Friedhof ab.

Ausgangspunkt: Panzano, Straße XX Luglio
Endpunkt: Osteria in Lucarelli
Weglänge: 4 km
Höhenmeter: 150 m
Gehzeit: 1 Std.
Tourencharakter: Feldwege
Alter: Ab 6 Jahre
Einkehr: Bars in Panzano, Osteria Le Panzanelle in Lucarelli (sehr schöner Garten, sehr gutes Essen, Di bis So 11–15 Uhr, Mo geschlossen), Tel. +39/0577/73 35 11
Informationen: Rückfahrt von Lucarelli nach Panzano mit Busitalia, Haltestelle vor der Osteria, Abfahrt um: 13.25 Uhr, 14.21 Uhr oder 18.40 Uhr, Fahrzeit 5 Minuten, Biglietti im Bus

Nach dem Friedhof geht es leicht bergab, vorbei am Luxusbauernhof *Le Barone* und nach 20 Minuten ab Panzano zu einer Gruppe von Häusern. An der Kreuzung mit Tabernakel gehen wir geradeaus zum Kirchlein **SAN LEOLINO**. In San Leolino wird die Terracottabüste des San Eufrosino aufbewahrt. Der Überlieferung zufolge wurde der im Chianti verehrte syrische Bischof von Paulus persönlich zur Missionierung ausgesandt. Auch wenn sich dies nicht ganz mit neueren wissenschaftlichen Erkenntnissen deckt, baute man über seinem Grab ein Oratorium. Heilwirkung versprechen sich Pilger von einer dort sprudelnden Quelle. Vom Vorplatz der Kirche haben wir einen grandiosen Ausblick über das Land und nach Panzano.

Nun gehen wir zurück zum Tabernakel. Rechts führt der Weg eben bis leicht abschüssig mit tollem Blick über die Weinberge weiter. Wir folgen immer dem deutlich zu erkennenden Weg. Nach 20 Minuten gelangen wir an eine Gabelung, an der ein Weg rechts zu einem Gatter führt; wir halten uns links auf dem anderen Weg und gehen weiter bergab. Hier haben wir einen schönen Blick auf die Kirche von **LUCARELLI**. In einem Wäldchen nach weiteren fünfzehn Minuten stoßen wir an ein Gatter, durch das wir in einen Weinberg kommen. Gleich nach dem Gatter halten wir uns rechts und gehen am Rand des Weinberges entlang bergab. Wir erreichen die Straße und nach 50 Metern links die Osteria. Hier können wir gemütlich im Garten sitzen und bei leckerer Pasta auf den Bus warten, der uns zurück nach Panzano bringt.

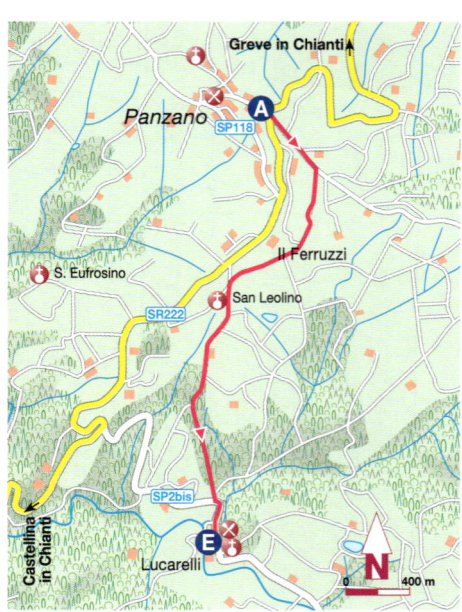

Weit geht der Blick über das Land. Sanft schwingen die Hügel, wie fürs Schauen gemacht. Eigentlich sollten wir schon längst weiterwandern …

Wieder in Panzano, in der Bar Terzani, die an der Piazza in der Kurve liegt und passenderweise auch *Bar La Curva* heißt, bereitet der Barista uns einen exzellenten geshakten Caffé, **CAFFÉ SHAKERATO**. Extratipp: Einen winzigen Schuss Baileys dazu tun lassen. Leckeres Eis gibt es auch. Von der Piazza führt die Strasse in fünf Minuten zum alten Zentrum. Wieder so ein Ort, in dem die Zeit stehengeblieben ist. Deutlich erkennen wir den wehrhaften Charakter als Grenzort zwischen Florenz und Siena. Hier genießen wir den malerischen Kirchplatz und schöne Ausblicke auf die Hügel des Chianti. Nette Läden und Ateliers säumen die Straße.

HEY KIDS, Augen auf und den Boden beobachten! Hier liegen bestimmt schwarzweiße Mikadostäbchen, die ein STACHELSCHWEIN verloren hat

Stachelschweine

In einer Gegend wie dem Chianti, die sich so vieler Dinge rühmen kann, ist es wohl sehr unwahrscheinlich, dass wir wegen der Stachelschweine, der *istrici*, hier sind. Und doch bringt fast jeder, der diese Wanderung unternommen hat, ein paar Stacheln mit.

Was die größtenteils friedvollen *istrici* angeht, so verhalten sie sich gerne unauffällig, wenn man das von einem Tier sagen kann, dessen Rücken mit spitzigen Stacheln bedeckt ist. Diese Stacheln verraten sie aber regelmäßig. Halten wir die Augen ein bisschen offen, entdecken wir unweigerlich im Wald oder an Feldrändern die schwarz-weißen Mikadostäbchen. Stachelschweine haben abgesehen von Jägern keine Feinde, und so tun sie einfach das, was sie am besten können, nämlich mit der typischen Findigkeit von Nagetieren in den Pinienwäldern und auf Ackerland auf Nahrungssuche herumstreifen. Die Tiere sind bei Sonnenuntergang und während der frühen Morgenstunden am aktivsten, wenn scharfes Hörvermögen, feinfühlige Pfoten und ein extrem gut ausgebildeter Geruchssinn in den Gebüschen und im Unterholz, das sie lieben, nützlicher als Sehvermögen sind. Von Natur aus ruhig und unbekümmert, zotteln sie so daher. Die Tiere bieten normalerweise keinen Grund, davonzulaufen, aber wenn wir sie im Frühjahr in ihrer beeindruckendsten Pose sehen, wenn sie ihre Stacheln zur Verteidigung

Augen auf! Hier liegen sie, die Mikadostäbchen, die ein Stachelschwein verloren hat!

Ein Glück, wenn man ein Stachelschwein in freier Wildbahn sieht. Aber vorsicht, nicht stechen lassen!

aufgestellt zeigen, dann ist es wahrscheinlich doch besser, sie aus größerer Ferne zu beobachten.

Die in der Toskana lebenden gewöhnlichen Stachelschweine sind die Nachkommen der ersten Paare, die von den alten Römern aus Afrika importiert wurden, und die sie als Leckerbissen züchteten. Heute sind es umgekehrt die Stachelschweine, die am meisten fressen, und sie entfernen sich auf der Suche nach Fallobst, Samen und Insekten manchmal bis zu 10 Kilometer von ihren Erdhöhlen. Ihre Vorliebe für Wurzeln und Wurzelknollen sowie ihre Fähigkeit, Zäune zu untertunneln, macht sie nicht gerade zu Freunden der Bauern. Obwohl sie weniger zerstörerisch als Wildschweine sind, teilen sie sich mit diesen eine berüchtigte Vorliebe für Chianti – oder zumindest dessen Trauben.

31 Castellina in Chianti

Ein Ort zum Wohlfühlen

Dieses schöne Hügeldorf etruskischen Ursprungs liegt an der Grenze des Chianti Classico zum Chianti Senese. Castellina war Teil der Liga von Chianti und aufgrund der Nähe zur Grenze mit Siena von großer strategischer Bedeutung.

Anfahrt: Parkplatz vor dem Ort von Florenz kommend
Informationen: Castellina in Chianti, Tel. +39/0577/74 13 92, www.essenceoftuscany.it

Die alte Burganlage von Castellina ist noch sehr gut erhalten und thront über dem Ort. Während der Sommermonate ist die Burg für die Öffentlichkeit zugänglich, es finden oft Kunstausstellungen statt. In den Gassen und auf den Plätzen atmet der Ort regelrecht Geschichte. Die netten Lokale auf der Piazza und die kleinen Geschäfte tragen das ihre zur Stimmung in Castellina bei.

Die Kirchenstufen Castellinas laden Groß und Klein zum Verweilen ein.

An der Straße von Florenz, hundert Meter nach dem Parkplatz, führt eine kleine Straße bergauf. Nach 200 Metern erreichen wir die Spitze des Hügels mit dem **ETRUSKISCHEN FÜRSTENGRAB**. Wir sehen hier ein Tumulusgrab, also einen aufgeschütteten Hügel, in den vier Grabkammern eingebaut sind. Am Eingang befindet sich ein Lichtschalter, damit wir die Konstruktion der Grabkammern erkennen können. Von diesem Hügel aus haben wir einen schönen Blick hinaus in die Hügellandschaft um Siena.

In Castellina gibt es ein exzellentes Eiscafé. Es ist in einem wunderschönen Raum in einem alten Gebäude eingerichtet. Das Eis wird natürlich selbst hergestellt und elegant präsentiert. Die AN-TICA GELATERIA ist im ganzen Chianti-Gebiet berühmt. Simone ist der Eiscremechef und zeigt, wie er die Eiscreme macht. Kinder finden das großartig, da natürlich ausgiebig probiert wird.
Gelateria L'Antica Delizia, Via Fiorentina 4, 53011 Castellina in Chianti, Reservierung erforderlich, ab 6 Jahre, Tel. +39/0577/74 13 37, www.anticadelizia.it

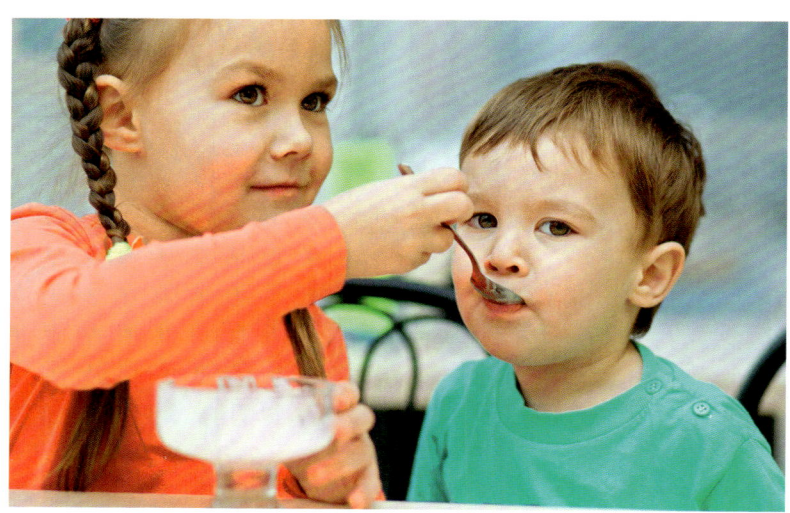

Leckeres Eis gibt es in der Eisdiele Antica Gelateria in Castellina.

32 Gaiole in Chianti

Viele Burgen im Dornröschenschlaf

Gaiole in Chianti ist eine kleine Gemeinde im Chianti. Aus welcher Richtung wir uns auch nähern, wir haben das Gefühl, dass hier immer fürchterlich gestritten wurde. Anders lässt sich nicht erklären, wie so viele Burgen so nah beieinander stehen können.

Anfahrt: Gaiole erreichen wir über die SP 2 von Castellina und Radda und die SP 408 oder über die SP 102 von Siena über Radda
Informationen: Tourist-Info, Via Ricasoli 18, Tel. +39/0577/74 94 11, www.comune.gaiole.si.it

In Gaiole selbst ist das **CASTELLO BROLIO** besonders imposant, das sich auf einem Weinberg oberhalb des Ortes erhebt. Die einzigartige Lage des Ortes inmitten der geordneten und friedlichen Weinberge verleiht den Gebäuden des Ortes ein ganz besonderes Flair. Auf der Piazza in Gaiole lässt sich schön ein

 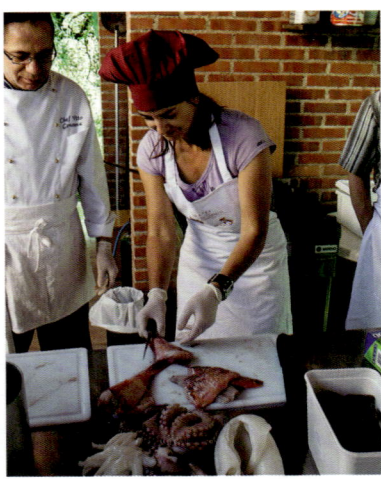

Links: Die Altstadt von Gaiole zeichnet sich durch schmucke Häuschen aus. Rechts: Zur Grundausstattung beim Kochen gehören Schürze und Kochmütze, wie es die Autorin, Andrea Kampmann, anschaulich vormacht!

Kaffee trinken. Der prachtvolle Bau stammt ursprünglich aus dem 15. Jahrhundert, wurde jedoch im 19. Jahrhundert im neugotischen Stil umgestaltet. Ihre einzigartige Lage inmitten der geordneten und friedlichen Weinberge verleiht den Bauwerken ein ganz besonderes Flair. Im Herbst, wenn Nebel die Täler bedeckt und die Burgtürme wie aus einem Meer aus dem Nebel herausragen, bildet diese Gegend eine unvergleichliche Kulisse.

Die Kochschule Toscana Mia ist vielleicht der beste Ort in der Chianti-Region für einen FAMILIENKOCHKURS. Simonetta bringt einem bei, dass zu viel Olivenöl nicht möglich ist, dass Nudeln nicht aus der Tüte kommen, sondern die schönsten Formen haben, wenn man sie selbst gemacht hat und dass jede Nudel eine eigene Soße braucht. Es gibt niedrige Tische, an denen die Kinder die Speisen zubereiten können, sie lernen, wie man Nudeln macht und isst.
Toscana Mia Cooking School, Località Poggio San Polo 2, Gaiole in Chianti, Preise auf Anfrage, ab 8 ahre, Tel. +39/334/247 60 98, www.welcometuscany.com

Fisch gehört zur italienischen Küche dazu.

33 Chianti-Skulpturenpark in Pietrasciata

Wo sich Landschaft mit Kunst verbindet

Dieser Baum ist nicht gewachsen. Er lässt eher unser Staunen wachsen.

Beim kleinen Ort Pietrasciata befindet sich der Chianti-Skulpturenpark. Dieser Park ist eine Wunderwelt, ein begehbares Gesamtkunstwerk. Von Menschenhand Geformtes verbindet sich mit von der Natur Geformtem und beides zusammen wird zur Kunst.

Der Park befindet sich in Pietrasciata, nördlich von Siena, einem Ort, der mit seinen 52 Einwohnern ein beschauliches Fleckchen geblieben ist. Hier verschmilzt von Menschenhand Geformtes und von der Natur Geformtes zum Gesamtkunstwerk. Kunst und Landschaft werden zu Kunst in der Toskana. Es gibt eine permanente Ausstellung von 26 zeitgenössischen Installationen und Skulpturen von Künstlern aus aller Welt. Ein Labyrinth, ein Regenbogen, ein riesiger Kiel und vieles scheinbar willkürlich und unpassend Scheinende,

Anfahrt: Die SS 222 in Richtung Castellina und rechts in Richtung Vagliagli fahren; nach acht Kilometer rechts Richtung Pievasciata abbiegen; der Park liegt nach ca. vier Kilometern auf der rechten Seite
Öffnungszeiten: Täglich ab 10 Uhr bis Sonnenuntergang
Preise: Erwachsene 10 €, Kinder bis 16 Jahre 5 €; Konzerte: Erwachsene 10 €, Kinder bis 16 Jahre 7,50 €; Park und Konzert: Erwachsene 15 €, Kinder bis 16 Jahre 10 €
Alter: Ab 8 Jahre
Informationen: Chianti-Skulpturenpark, Loc. La Fornace S.P. 9, 53010 Pievasciata, Tel. +39/0577/35 71 51, www.chiantisculpturepark.it

das sich aber alles wundervoll in die umliegende Waldlandschaft einfügt.
Das Zusammenspiel der Landschaft mit ihren Farben, Tönen und Formen
und das Erlebnis der Adaption von künstlerischer Hand macht die Faszi-

Verlaufen erwünscht! Das Licht führt uns durchs Labyrinth!

nation des Parks aus. Kinder finden hier die ideale, ihnen eigene Verbindung von Realität und Fantasie. Der Weg durch den Park ist ca. einen Kilometer lang, ein wunderschöner Spaziergang durch Kunst und Natur! Die
Reise geht dabei weit über die Toskana hinaus nach Vietnam und Chile,
von Zimbabwe zu den Philippinen. Teils staunt man, lacht, wundert sich,
jede neue Entdeckung ist für eine Überraschung gut.
Im Park befindet sich auch ein Amphitheater, in dem zwischen Mai und
September in einer zauberhaften Atmosphäre Konzerte und andere kulturelle Veranstaltungen stattfinden.

Wildschweine

Das Wildschwein, das *cinghiale*, hat die doppelte wie zweifelhafte Ehre, sowohl Wahrzeichen als auch Delikatesse zu sein. Die rauen Macchiawälder bieten idealen Lebensraum für das ebenso raue Borstenvieh und kräftige Speisen schmecken noch kräftiger mit dessen Fleisch.

Das *cinghiale* genießt in der Toskana fast uneingeschränkte Freiheit, besonders in den dichten Waldabhängen der Maremma und in anderen Regionalparks, aber das Schnüffeln zur Nahrungssuche, das den Waldboden, harmlos gesagt, belüftet, in Wirklichkeit aber um-

Wildschweine fühlen sich in den Macchia-wäldern der Toskana wohl.

pflügt, ist in den Dorfgärten oder den Weingärten weniger willkommen. Wildschweine werden durch den Duft der reifenden Trauben von den Hügeln heruntergelockt und können in wenigen Minuten ganze Reihen von Reben zerstören, wobei der verursachte Schaden in die Millionen geht. An besonders gefährdeten Hängen sind die Weinberge daher mit Elektrozäunen geschützt. Aufgrund ihres berechtigten Rufs als Schädlinge ist die Jagdsaison zwischen Mitte September und Ende Januar eine eigene Jahreszeit. Das Wildschwein liefert eine wichtige Zutat für reichhaltige und nahrhafte Rezepte der Toskana. Beim Kochen auf kleiner Flamme verleiht das magere Fleisch der Sauce für *pappardelle al cinghiale*, das einem Nationalgericht der Toskana am nächsten kommt, einen subtilen Wildgeschmack. Glücklicherweise sind die Tiere aber so schlau, dass die Bestände nicht gefährdet sind. Wer beim Wandern die Augen offenhält, erkennt unvermeidbar die Pflügetätigkeit der Nacht am Wegesrand. Die beste Chance, ein Wildschwein zu sehen, ist bei einer Fahrt auf einer einsamen Landstraße in der Abenddämmerung. Ein schwärzlich-grauer Rücken mit einem leichten Borstenkamm im oder am Unterholz, dazu eine typisch keilartige Silhouette, eine lange Schnauze – unverkennbar ein Wildschwein. Trotz des massigen Körpers haben die Tiere einen überraschend anmutigen Trab. Wildschweine leben nicht allein, immer in der sogenannten Rotte. Werden sie überrascht, rennt erst eines als Kundschafter los, dann bricht der Rest der bis zu zehn Tiere starken Gruppe durchs Unterholz. Selbst in größerer Entfernung jagt das unvermittelte und scheinbar unkontrollierte Vorbeipreschen der Tiere einem einen gehörigen Schrecken ein. Die Frischlinge sehen so aus, wie Walt Disney sie gemalt hätte: niedliche Ferkel mit blassen Streifen im schokoladenbraunen Fell. Wildschweine sind harmlos und fliehen lieber. Im Frühjahr können allerdings die Mütter angreifen, wenn sie glauben, dass ihre Familie bedroht ist. Die feine Nase der Wildschweine

Auch frische Pasta mit Wildschwein-Ragout ist eine beliebte Spezialität.

Oben: Aus der Nähe sind die Wildschweine ein eindrucksvoller Anblick.

hat uns aber schon aus großer Entfernung gewittert und die Rotte zieht sich, von uns unbemerkt, tiefer in den Wald zurück.

34 Wanderung um Volpaia

Hier ist Geschichte stehen geblieben

Volpaia ist vielleicht das hübscheste Dorf im Chianti. Volpaia wurde als Grenzfeste zwischen Florenz und Siena errichtet und war über lange Zeit in deren Kriege verwickelt. Dann wurde es still um den Ort und er verfiel in einen Dornröschenschlaf.

Die Zeit scheint stehen geblieben zu sein in Volpaia. Heute wohnen hier ca. 40 Menschen, die in den sieben Kellereien arbeiten, die sich in den alten Häusern eingerichtet haben. Die Burg von Volpaia war von einer elliptischen Mauer umgeben, aus der in rechteckiger Anordnung die Verteidigungstürme hervorragten. Auch heute noch sind große Teile der **MAUER** sowie einer der kleineren Türme (heute eine *Enoteca*) sichtbar.

Die faszinierende Architektur der Kirche **SANT'EUFROSINO** erinnert an Arbeiten von Brunelleschi aus Florenz.

Der Dorfplatz ist der Mittel- und Treffpunkt des kleinen Ortes. Für Kinder ein Paradies, da sich die Stimmung des Abenteuers über alles legt, wenn Katzen und Hunde um die unbekannten Ecken streichen und die Zeit stillzustehen scheint. Eine schöne Bar lädt zum Verweilen auf der Piazza ein.

Eine sehr schöne Rundwanderung führt durch Wald und Weinberge um den Ort herum. Immer wieder sehen wir den Ort aus verschiedenen Perspektiven. Wir starten am Parkplatz unterhalb der Kirche von Volpaia.

Ausgangs-/Endpunkt: Volpaia, Parkplatz unterhalb der Kirche
Weglänge: 7 km
Höhenmeter: 320 m
Gehzeit: 2 Std.
Tourencharakter: Leichte Wanderung durch Wald und Weinberge, schöne Ausblicke, Abstiege teils mit Brombeeren zugewachsen, lange Hosen sind empfehlenswert!
Alter: Ab 8 Jahre
Einkehr: In Castelvecchi nur Weindegustation, in Volpaia die sympathische Bar Uzzi auf der Piazza und oberhalb des Parkplatzes ein Restaurant mit wunderbaren Blicken von der Terrasse

Seit Menschen Gedenken und bis zum heutigen Tag werden Oliven mit diesen sich drehenden Steinen gemahlen.

Neben der Kirche an der *Piazza della Cisterna* führt unser Weg rechts hinab. An der folgenden Gabelung halten wir uns links und erreichen nach zehn Minuten einen großen Stein mit Wegweisern. Auch hier halten wir uns links und gehen weiter abwärts durch den Wald. In einer Linkskurve überqueren wir einen kleinen Bach und steigen wieder an. Nun haben wir einen schönen Blick auf Volpaia. Wir steigen weiter bergan bis zu einem schön gelegenen Gehöft. Wir schauen weit in die Runde: Links sehen wir Radda und im Süden die markante Kulisse des Monte Amiata. Weiter bergauf erreichen wir nach 40 Minuten das Anwesen Villamonte. Hier folgen wir dem Wegweiser Richtung Castelvecchi. Nach 200 Metern am Parkplatz biegen wir in einen schmalen Weg nach links ab. Achtung: Der Wegweiser ist schwer zu erkennen, da er immer wieder zuwächst.

Auf diesem schönen und romantischen Weg geht es nun in einer halben Stunde durch den Wald. Kurz nachdem wir zum ersten Mal Castelvecchi gesehen haben, treffen wir auf einen Querweg, dem wir rechts abwärts folgen. Links sehen wir die Türme Volpaias auf dem Hügel und biegen auf dem folgenden Querweg rechts ab. Nach fünf Minuten erreichen wir eine Asphaltstraße und folgen dieser links. Vor uns liegt rechterhand unser Ziel: das befestigte Dorf CASTELVECCHI.

Der Rückweg folgt anfangs der Straße, über die wir Castelvecchi erreicht haben. Wir folgen der geteerten, aber kaum befahrenen Straße für 15 Minuten in Serpentinen abwärts bis zur Kirche SANTA MARIA NOVELLA. Gegenüber der Kirche führt links ein Weg durch den Wald hinunter zum Bach *Botro del Fagiola*. Wir überqueren diesen und erreichen nach fünf Minuten einen Querweg. Hier biegen wir rechts ab und gehen eben weiter. Nach 300 Metern an einem Querweg gehen wir geradeaus und steigen leicht an. Wir erreichen eine T-Kreuzung, halten uns links, den Schildern nach Volpaia folgend, und steigen weiter an. Ab dem Weingut *Pruneto* wandern wir mit Blick auf Volpaia durch die Weinberge bis zu einer schönen Zypressenallee, der wir nach links folgen. In zehn Minuten sind wir wieder in Volpaia.

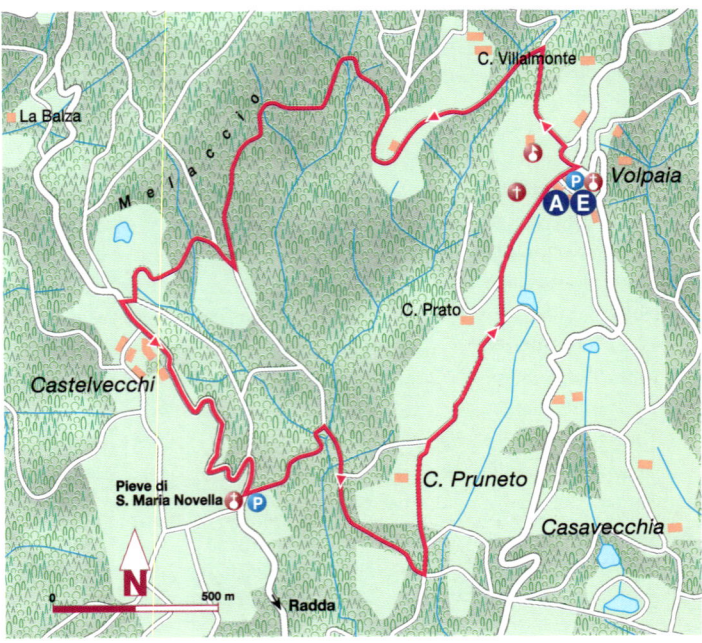

San Gimignano

Im Manhatten des Mittelalters

Geschichte geht dem Lauf der großen Straßen nach. In der Toskana hat die Frankenstraße nach Rom das mittelalterliche Gesicht der Städte bis heute geprägt. Die Stadt San Gimignano hat diese Zeit in einem Dornröschenschlaf unverändert bewahrt.

Seit der Kaiserkrönung Karls des Großen 800 n. Chr. nahm die Bedeutung des Verkehrs nach Rom stetig zu. Die Frankenstraße verbindet den Norden Europas mit Rom. Zum Teil auf alten Römerstraßen, teils auf den Hügeln, um die versumpften, ungesunden Täler zu vermeiden, verläuft die Straße von den Alpenpässen bis Mailand und dann durch die Toskana nach Rom.

San Gimignano verdankt seinen Aufstieg dem Umstand, dass das Elsatal versumpft und damit unpassierbar war. So reiste man zwar mühsamer, aber gesünder über die Hügel.

Auf der Piazza della Cisterna in San Gimignano trifft sich der Ort und Touristen gleichermaßen. Zu schön ist der Platz.

Anfahrt: Gebührenpflichtiges Parken auf der Piazza vor dem südlichen Stadttor San Giovanni
Öffnungszeiten: Turm des Rathauses, Torre Grossa 9.30–19 Uhr
Preise: Turmbesteigung Erwachsene 6 €, Kinder und Jugendliche von 7 bis 14 Jahren 5 €, Kinder bis 6 Jahre frei
Informationen: Pro Loco San Gimignano, Piazza Duomo 1, 53507 San Gimignano, Tel. +39/0577/94 00 08

Entlang der Straße entwickelten sich in Abständen der Tagesetappen und der strategischen Lage neue Orte, die sich mit der Straße entwickelten und reich wurden. So entstand San Gimignano. Mit dem Geld, das die Straße dem Handel brachte, legte man das Elsatal trocken und verlegte die Straße hinunter. So verfiel San Gimignano in den Dornröschenschlaf, der es uns so gut erhalten über die Zeiten gebracht hat. Die Stadt verarmte so sehr, dass sogar das Geld fehlte, die Türme abzubrechen!

In San Gimignano betrat und betritt man den Ort von Süden durch die **PORTA SAN GIOVANNI**, wo wir auch parken können, erreicht den Brunnen- und den Domplatz und verlässt die Stadt durch die **PORTA SAN MATTEO** im Norden.

Wir erreichen den Hauptplatz mit dem Dom und dem Palast des Bürgermeisters, der **LOGGIA**, in der Gericht gehalten und Beschlüsse verlesen wurden. An den Wänden sehen wir die Ringe, um die Pferde anzubinden, Fackeln zu befestigen und Löcher, in denen Gerüststangen steckten. Die Häuser und Türme sind teils aus Ziegeln, teils aus Kalkstein gemauert. Die reichen und mächtigen Familien der Stadt lagen untereinander in Streit, waren verfeindet und kämpften um Einfluss, Macht und wirtschaftlichen Vorteil. Ausdruck der eigenen Macht und Stärke war die Höhe des Turmes. Im äußersten Fall zog man sich in den Turm zurück, in dem man vor den

Eine malerische Straße

Angreifern relativ sicher war, da Stockwerk für Stockwerk nach oben erobert werden musste. In friedlichen Zeiten vermietete man übrigens den Turm auch gerne als Lagerraum an die Stadtverwaltung. Ursprünglich standen in der Stadt über 70 Türme, heute sind es immer noch 13. Gegenüber dem Rathaus, wo der Rat der Gemeinde tagte, stehen die **TÜRME** der mächtigsten Familien: der *Ardinghelli* und, da sie nicht höher bauen durften, bauten sie in die Breite und zwei Türme nebeneinander, die Zwillingstürme der *Salvucci*. Der höchste, und er durfte nicht übertroffen werden, ist jedoch der Turm des **PALAZZO DEL POPOLO**, der Stadtregierung. Damit machte man klar, wer das letzte Wort in der Stadt hatte.

Schon von weitem sticht die Skyline von S. Gimignano in den Himmel. Das Manhattan des Mittelalters.

Im **DOM**, der neben dem Rathaus die Macht der Kirche demonstriert, sieht man ein schönes Bilderbuch an den Wänden. Der Priester predigte und las aus der Bibel und die Menschen, die meist nicht lesen konnten, stellten sich die Geschichte anhand der Bilder, die sie rechts und links sahen, vor. Bartolo di Fredi aus Siena malte 1367 die Geschichten des Alten und des Neuen Testamentes an die Seitenwände des Langhauses.

Ganz im Westen der Stadt, an der höchsten Stelle erhebt sich das **KASTELL**. Von seinem erhaltenen Turm hat man einen wunderschönen Blick über die Stadt und das umliegende Land. Auf der anderen Seite der Stadt gibt es einen schönen Weg auf der Stadtmauer mit herrlicher Aussicht.

36 Monteriggioni

Eine Krone aus Türmen

Schon von Weitem sehen wir die Türme der Festungsstadt auf einem Hügel thronen. Steil führt die alte Straße zum nördlichen Stadttor, der Porta San Giovanni, empor. Rechts und links stehen einfache Häuser, geduckt unter den Mauerring.

Florenz und Siena entwickelten sich im 13. Jahrhundert zu den mächtigsten Städten der Toskana und die unmittelbare Auseinandersetzung zwischen den beiden Städten blieb nicht aus. In der Schlacht von Montaperti siegte Siena gegen Florenz und konnte seine Freiheit gegen die größere, mächtigere Stadt behaupten. Die Frage, wo die Grenze zwischen den beiden Städten verlaufen solle, entschieden Florenz und Siena in einem Wettlauf: Wo sich zwei Läufer, die mit dem ersten Hahnenschrei starteten, treffen würden, dort sollte die Grenze verlaufen. Florenz hatte einen schwarzen Hahn, der knapp gehalten wurde, Siena einen weißen Hahn, der gefüttert und verwöhnt wurde. Am Tag des Wettlaufs krähte der dürre florentiner Hahn vor

Das Wappentier des Chianti Classico ist der schwarze Hahn.

Anfahrt: Monteriggioni liegt an der Schnellstraße Florenz–Siena und der SR 2 Cassia; Parken auf ausgewiesenen Parkplätzen
Datum: Festival am ersten und zweiten Wochenende im Juli
Preise: Freitag Erwachsene 8 €, Kinder und Jugendliche von 11 bis 16 Jahre 6 €, Samstag Erwachsene 12 €, Kinder und Jugendliche von 11 bis 16 Jahre 10 €, Sonntag 10 €, Kinder und Jugendliche von 11 bis 16 Jahre 8 €, Kinder bis 10 Jahre frei
Informationen: Monteriggioni di Torri si Corona,
www.monteriggionimedievale.com

Hunger schon vor Tau und Tag, während der senesische sich auf seinem vollen Bauch noch eine Runde Schlaf gönnte. So war der Läufer aus Florenz schon fast vor den Toren Sienas, eben in Monteriggioni, als dessen Läufer erst starten durfte. Deswegen ist das Wappentier und Gütesiegel des Chianti Classico der **GALLO NERO**.

Die Mauer der Stadt bildet ein großes Oval, nach allen Richtungen wachen die Türme über die Sicherheit der Stadt und des umliegenden Landes. Im Ort ist alles geblieben wie einst, als kämen die Soldaten gleich aus einer Schlacht zurück in ihre Burg. Man betritt die Stadt durch die **PORTA SAN GIOVANNI**, an der noch die Hebevorrichtungen der einstigen Zugbrücke zu sehen sind. Die Straße führt durch den Ort bis zur gegenüberliegenden **PORTA ROMEA**.

Mit einer Krone aus Türmen – So schützt Monteriggioni die Grenze Sienas nach Norden.

In der langen Liste der mittelalterlichen Festivals der Toskana gibt es auch in Monteriggioni ein Mittelalterspektakel, das ist **MONTERIGGIONI DI TORRI SI CORONA**. Den Namen hat das Festival dem Dichter Dante Alighieri zu verdanken, der vom Anblick der Burg von Monteriggioni verzaubert war und diesen Eindruck als **TÜRMENKRONE** in seiner *Göttlichen Komödie* verewigte. Am ersten und zweiten Wochenende im Juli lädt Monteriggioni ein.

Das Spektakel spielt sich auf allen Straßen des Ortes ab: Handwerker bieten ihre Ware an, Köche laden zur Verkostung verschiedener Speisen, Priester predigen, Pilger erzählen von fernen Länder, Gaukler und Jongleure belustigen das Publikum. Die Organisatoren des Festes thematisieren nicht nur die Lebensweise der mittelalterlichen Stadt, sondern auch die wichtigen historischen Ereignisse wie Kämpfe um und in Monteriggioni. Für Kinder wird ein spezielles Programm mit verschiedenen Theateraufführungen und kreativen Workshops angeboten. Zum Abschluss gibt es ein riesiges Feuerwerk.

37 Wanderung von Abbadia Isola nach Monteriggioni

Wie ein Pilger vor tausend Jahren

Abbadia Isola ist ein befestigter Weiler um ein altes aufgelassenes Kloster herum. Er liegt auf der Frankenstraße kurz vor der Grenzfestung Monteriggioni. Von dort kann man in gut einer Stunde mit sensationellem Blick auf Monteriggioni dorthin wandern und sich wie ein Pilger vor tausend Jahren fühlen.

In Isola gibt es einen kleinen Laden. Von diesem folgen wir 100 Meter der Straße links, bis rechts der Weg mit dem Pilgerschild abzweigt. Wir gehen die Felder entlang, immer mit Blick auf die Festung, und passieren zwei Gehöfte. Nach ca. einer Stunde zweigt am Beginn des Hügels am Waldrand in einer Linkskurve rechts ein ansteigender Weg ab. Hier geht es in Kehren für zehn Minuten rechts hinauf, dann halten wir uns an der Gabelung links. Der Weg führt eine Viertelstunde über die Höhe mit tollem Blick auf die Festung und fällt an einem Bauernhof vorbei wieder ab ins Tal. Nun erreichen wir die Fahrstraße, gehen auf dieser 100 Meter nach links und gelangen dann rechts in 10 Minuten auf der alten Straße hinauf zum nördlichen Stadttor von Monteriggioni.

Anfahrt: Von der SR 2 Cassia zwei Kilometer vor Monteriggioni beschilderte Abzweigung nach Abbadia Isola; dort gibt es Parkplätze
Ausgangspunkt: Abbadia Isola
Endpunkt: Monteriggioni
Weglänge: 5 km
Höhenmeter: 50 m
Gehzeit: 1,5 Std.
Tourencharakter: Leichte Wanderung auf Feldwegen
Alter: Ab 8 Jahre
Einkehr: Laden in Abbadia Isola, Bars und Restaurants in Monteriggioni; wenn wir in Monteriggioni essen, können wir den Wirt fragen, sonst am Parkplatz fragen, ob uns jemand die paar Kilometer nach Abbadia Isola zum Auto bringt.

Die Abbadia Isola ist eine uralte Etappe auf der Reise nach Rom. Gleich kommt ein Pilger aus der kleinen Tür.

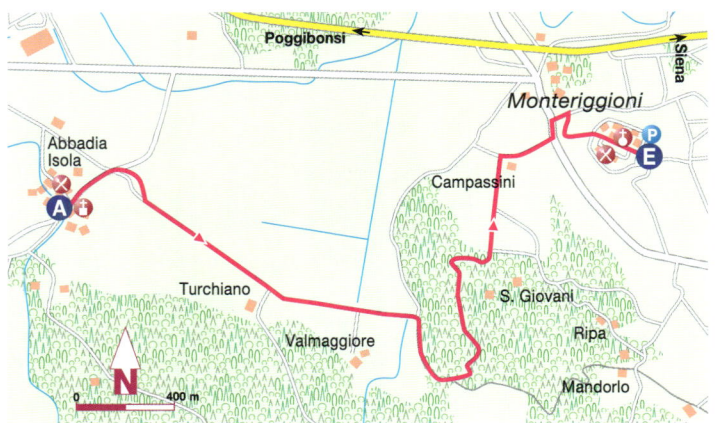

SIENA

38 Piazza del Campo

Der schönste Platz der Welt

Tagsüber wie abends ist dieser Platz immer voller Menschen. Er breitet sich muschelförmig in einer Senke aus. Der Platz ist rundum eingeschlossen von mittelalterlichen Palästen und Gebäuden.

Dieser Platz, einfach nur *Il Campo* genannt, ist der Mittelpunkt des öffentlichen Lebens in Siena. Er stellt das Herzstück Sienas dar, seines kulturellen Lebens, seiner Feste, seiner religiösen Feiern, aber er ist auch der Treffpunkt für einen kleinen Schwatz im Sommer nach dem Abendessen, während die Kinder spielen.

Zweimal im Jahr, am 2. Juli und am 16. August, treffen sich die Gemeinschaften der Stadtteile, die sogenannten Contraden, zum großen Pferderennen, dem PALIO. Dies sind zwei feste Termine im senesischen Kalender, wichtig wie Weihnachten und der eigene Geburtstag. Das Fest ist der Jungfrau Maria geweiht, der Schutzpatronin der Stadt. Der Palio ist ein Pferderennen ohne echten Gewinn, trotzdem löst dieses Rennen bei den Senesen die größten Emotionen aus. Im Palio verdichtet sich in wenigen Minuten die über ein Jahr aufgestauten Erwartungen, Hoffnungen, Spannungen um das Schicksal der einzelnen Contraden. Die Vorbereitungen zum Palio dauern insgesamt eine Woche. Auslosung der Pferde, Auslosung der Startaufstellung, Proberennen, Umzüge, die ganze Stadt wird in dieser Woche zum Palio. In den Tagen des Palio tragen die Senesen öffentlich die Tücher, Abzeichen, Krawatten, ja sogar Kleider in ihren Farben. Der Tag des Palio beginnt mit dem sechsten und letzten Probelauf, von den Senesen *provaccia*, die große Probe, genannt. Eingeleitet wird das eigentliche Rennen am frühen Nachmittag durch einen großen Um- und Einzug aller siebzehn Contraden auf die Piazza del Campo. Das dauert ein paar Stunden. Die Teilnehmer des Umzuges treffen sich zuerst alle auf

Anfahrt: Zentraler Platz und Mittelpunkt Sienas; unterhalb des Treffpunktes der drei Hauptadern Banchi di Sopra, Banchi di Sotto und Via di Città gelegen
Öffnungszeiten: Mo bis Sa 8.30–19.30 Uhr
Informationen: Tourist-Info im Haus Nummer 56, Tel. +39/0577/28 05 51, www.terresiena.it

Repräsentiert von Kopf bis Fuß seine Herkunft: Fahnenschwinger der Contrade des Drachen.

den Domplatz, um dann zusammen

mit allen anderen Contraden zum Campo zu ziehen. Die Angehörigen der Contrade füllen während des Umzugs den Platz und die Tribünen, bis am Ende keiner mehr umfallen kann, so voll ist die Piazza. Ist der Umzug einmal um den Platz, haben die Teilnehmer auf Tribünen vor dem Palazzo Pubblico Platz genommen, ist das Innere des Platzes so voll, dass keiner mehr reinpasst, dann beginnt das Rennen. Das dauert aber auch wieder ziemlich lange. Pferd und Reiter reiten aus dem Innenhof des Rathauses, dem *entrone*, heraus und erhalten Peitschen, die sie weniger dafür benutzen, das Pferd anzutreiben, als dem Nachbarn eins über die Nase zu geben. Über der Schiedsrichter-Tribüne hängt das Pallium, das Siegertuch, ein jedes Jahr neu gemaltes Bild der Madonna. Daher der Name Palio.

Der Start, die *mossa*, ist der Höhepunkt des Rennens. Neun *fantini* reiten in vorher ausgeloster Reihenfolge in den Raum zwischen zwei quer über die Bahn gespannte Seile, den *canapi*, und drängeln sich rücksichtslos in eine möglichst gute Startposition vor das erste Seil. Das zehnte Pferd löst den

Start aus. In dem Augenblick, in dem es den Raum zwischen den beiden Seilen betritt, löst der Starter, der *mossiere*, die Startvorrichtung aus, das Seil fällt, und die Pferde schießen davon. Der zehnte Reiter wartet damit natürlich, bis seine Konkurrenten schlecht und seine Verbündeten gut stehen oder anders gesagt, bis derjenige in bester Position steht, der oder dessen Contrade ihm am meisten Bestechungsgeld geboten hat. So kann der Start lange, bis zu einer Stunde dauern, die Fehlstarts noch gar nicht eingerechnet. Einmal gestartet, dauert das Rennen selbst drei Runden oder ca. 90 Sekunden. Es ist gefährlich für Pferd und Reiter. Die *fantini* reiten ohne Sattel und hauen sich gegenseitig die Peitsche um die Ohren. In der ersten Kurve, der von San Martino links vom Palazzo Pubblico sind die Pferde nach dem Start viel zu schnell, und so kommt es dort fast immer zu Stürzen. Matten sind an die Wände gehängt, um das Schlimmste zu verhindern. Die Reiter werden vom Pferd geschleudert, meist stürzen auch

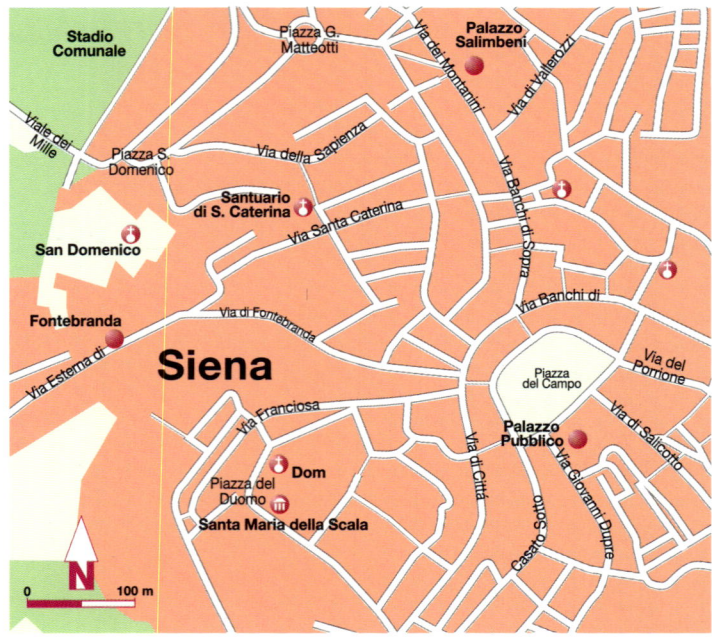

die Pferde. Ein Ausweichen ist nicht möglich, und so kommt so mancher unter die Hufe der nachfolgenden Pferde. Der Palio ist ein risikoreiches, hartes und mitleidloses Rennen. Nur der Sieg zählt. Vielleicht versteht man den Palio am besten in den Minuten nach dem Sieg, wenn die Anspannung abfällt, einer Contrade zum Sieg, allen anderen zur Niederlage und dennoch ist endlich, endlich eine Entscheidung gefallen. Ein ganzes Jahr aufgestauter Emotionen fällt ab in Jubel oder Trauer. Langsam zerstreut sich die Menge auf dem Platz. Der Traum von Größe und Glorie, die so nah, fast greifbar erschien, ist in neun von zehn Fällen wieder einmal ausgeträumt. Der Alltag kehrt zurück.

Das Rennpferd des Palio hat in jeder Contrade sein eigenes Haus!

Auf der etwas höher gelegenen Seite der Piazza del Campo steht der Brunnen FONTE GAIA. Übersetzt heißt dies »Fröhliche Quelle«. Die Errichtung des Brunnens war tatsächlich ein besonderer Grund zur Freude, da seinem Erbauer Jacopo della Quercia damit erstmalig gelungen war, mithilfe einer ca. 25 Kilometer langen Wasserleitung Wasser in die Stadt, die ja auf einem Hügel liegt, fließen zu lassen. Während des 13. und 14. Jahrhunderts wurde das unterirdische System mit Stollengängen, den sogenannten *bottini* geschaffen, über die bis Anfang des 20. Jahrhunderts die Altstadt versorgt wurde.

121

39 Palazzo Pubblico

Wie erkenne ich eine gute Regierung?

Südlich der Piazza del Campo steht der Palazzo Pubblico, auch Palazzo Comunale genannt, das ehemalige Rathaus von Siena. Mit dem Bau dieses Gebäudes wurde bereits im Jahr 1288 begonnen.

Erst 1310 war das Bauwerk vollendet und blieb bis 1680 in dieser Form bestehen. Dann wurden Aufstockungen und Anbauten vorgenommen. Beherrscht wird der Palast von dem schlanken Turm **TORRE DEL MANGIA**, dem 102 Meter hohen Glockenturm. Der Name leitet sich von dem Spitznamen *Mangiaguadagni* (Gewinnfresser) des ersten Glöckners ab, der so hieß, weil er seinen ganzen Lohn für Essen ausgab. Der Turm steht an der tiefsten Stelle der Stadt und ragt doch über alle Gebäude hinaus. Er prägt das gesamte Stadtbild Sienas. Wer die über 400 Stufen schafft, hat einen unvergesslichen Blick auf die Piazza und die Stadt. Der Palast beherbergt heute das Stadtmuseum **MUSEO CIVICO**, in dem Fresken zu sehen sind, die für die Geschichte der Malerei und für die Geschichte Sienas wichtig sind.

Im **SAAL DES FRIEDENS**, dem *Sala della Pace*, tagte der Rat der Neun. Dieser Rat bestimmte die Politik der Stadt und des Staates Siena. Um die Auswirkung der eigenen Entscheidungen immer vor Augen zu haben, beschloss der Rat 1337, dass der Maler Lorenzetti die Folgen einer guten und einer schlechten Regierung darstellen solle. Lorenzetti stellt jeweils den Rat der Stadt, die Stadt und das Land selbst dar. Gegenüber dem Fenster sitzt eine bärtige Gestalt mit Szepter und Schild. Ihr Gewand ist schwarz-weiß, die Farben Sienas. Es handelt sich also um die Personifizierung der Regierung. Die Regierung verwaltet die Stadt und das Land so gut, dass sich der Frieden, die Person ganz in weiß, entspannt zurücklehnen kann.

Öffnungszeiten: November bis März 10–18 Uhr, April bis Oktober 10–19 Uhr
Preise: Erwachsene 8 €, Schüler und Studenten bis 26 Jahre 7 €, freier Eintritt bis 11 Jahre; Museum und Turmbesteigung 13 €
Informationen: Palazzo Pubblico, Museo Civico, Piazza dell Campo 1, 53100 Siena, Tel. +39/0577/29 22 32, www.comune.siena.it

Rechts hält die Weisheit die Waage, die die Gerechtigkeit ausgleicht, indem sie den Bösen verurteilt und den Guten belohnt und von den Reichen so viel nimmt, dass der Arme genug zum Leben hat. Der Übeltäter wird enthauptet, der Gute bekommt Geld. Das alles kann nur funktionieren, wenn die Eintracht die Fäden in der Hand hält und mit ihnen die Verbindung der politischen zur gerichtlichen Gerechtigkeit herstellt. Die 24 Männer stellen den großen Rat dar, eine Art Parlament. Rechts werden Straftäter vorgeführt, die ihre gerechte Strafe erhalten. Die Stadt, wie sie in der guten Regierung dargestellt ist, symbolisiert das harmonische Zusammenwirken der vier bürgerlichen Tugenden: Weisheit, Mut, Gerechtigkeit und Besonnenheit. Lorenzetti malt viele kleine Details, die wie in einem Wimmelbuch die Idee des Zusammenwirkens veranschaulichen.

Steht am tiefsten Punkt der Stadt und ist so hoch, dass er an den Wolken kratzen kann.

Die schlechte Herrschaft wird repräsentiert durch eine schwarz gekleidete, schielende Herrscherfigur mit Hörnern und Fangzähnen. Ihren Hofstaat bilden Grausamkeit, Verrat, Betrug, Wut, Zwietracht und Krieg. Die Gerechtigkeit liegt gefesselt im Vordergrund am Boden, über ihr schweben als Gegenbilder der Tugenden: Habgier, Eitelkeit und Stolz. Zu beiden Seiten des Stadttores tummeln sich allerhand Gestalten, die alle durch Gewalt und Betrug gekennzeichnet sind, über dem Stadttor flattert die Furcht, halbnackt und mit gezücktem Schwert. Draußen auf dem Land brennen die Häuser, die Felder sind nicht bestellt und Soldaten verbreiten Angst und Schrecken. In der Stadt bröckeln die Fassaden, ein Toter liegt auf der Straße und keine Gerechtigkeit sühnt die Tat.

Wie in einem Richtig-Verkehrt-Spiel können wir auf der Seite der schlechten Regierung die Versäumnisse suchen und entdecken, die den Unterschied ausmachen und sich in den Allegorien des Hofstaates widerspiegeln: ein gruselig schönes Spiel.

123

40 Duomo Santa Maria Assunta

Zebrastreifen aus Stein

**Der Dom bildet zusammen mit dem Baptisterium, dem sogenann-
ten Neuen Dom und Santa Maria della Scala einen riesigen Komplex in der Stadt. Steht der Palazzo Pubblico am tiefsten, so thront
der aus weißem und schwarzem Marmor gebaute Dom auf dem
höchsten Punkt der Stadt.**

Der gesamte Bau ist wie ein Zebra schwarz-weiß gestreift. Der Effekt dient
dazu, die Senkrechte, das Aufstrebende des Baus durch die Betonung der
Horizontalen so zu mäßigen, dass das Auge ein harmonisches Ganzes vor
sich sieht. 1210 wurde mit dem Bau des Doms begonnen. Kaum war der
Dom fertig, sollte der bestehende Dom das Querschiff eines neuen, fast
doppelt so großen Domes werden. Die Pest 1348 knickte die Pläne. Man
sieht das rechte Seitenschiff und auf dem Boden die Umrisse der Pfeiler
der Kirche. Die Fassade ist fertiggestellt und von dort oben hat man den
schönsten Blick über die Stadt und das Land um Siena.
Die Fassade des Doms beeindruckt mit einer sagenhaften Vielzahl von
menschlichen und tierischen Skulpturen, Mosaiken, Giebeln, Säulen und
Ornamentbändern. Das Innere des Doms von Siena ist mit Bildwerken reich
ausgestattet. Einzigartig ist der Marmorfußboden, in den große figuren-
und bewegungsreiche Bilder eingearbeitet sind. Ein Teil der Bilder ist
immer zu sehen, die meisten nur im Herbst einen Monat lang. Die Bilder
sind in Sgraffito gelegt, also Marmorplatten, in die man die Umrisse der

Öffnungszeiten: März bis November 10.30–19 Uhr, Dezember bis Februar 10.30–
17.30 Uhr, Dom feiertags 13.30–17.30 Uhr
Preise: Dom 4 €, November bis Februar frei, bei freigelegtem Fußboden 7 €, Dommuseum und Panorama auf der Fassade 7 €, Krypta 6 €, Baptisterium 4 € oder Sam-
melkarte für alle Besichtigungen 12 €, November bis Februar 8 €, freier Eintritt bis
11 Jahre
Informationen: Siena Opera della Metropolitana, Piazza Duomo, Siena, Tel.
+39/0577/28 63 00, www.operaduomo.siena.it

Der Dom von Siena: Tausend Details aus Marmor

Zeichnungen bohrte, und dann mit Stuck ausfüllte. Die späteren Bilder sind echte Marmorintarsien, also schwarzer Marmor in hellen eingelassen. Leicht lesbar und beeindruckend ist das Glücksrad in der Mitte des Mittelschiffs, grausam der betlehemitische Kindermord und dramatisch das Schlachtbild daneben. In den hohen rundbogigen Arkaden der drei Schiffe sind über 100 Papstporträts des 15. und 16. Jahrhunderts angebracht. Vorne links steht eine der vier Kanzeln des Andrea Pisano.

125

41 Ospedale di Santa Maria Della Scala

Eine Stadt in der Stadt

Gegenüber dem Dom befindet sich das riesige, palastähnliche ehemalige Hospiz, ein Waisen- und Krankenhaus, welches schon im Jahr 832 gegründet worden sein soll und eines der ältesten kirchlichen Hospize Europas überhaupt ist.

In Eigenregie verwaltet, war das Ospedale einmal der größte Grundbesitzer und Arbeitgeber der südlichen Toskana. Über tausend Betten bot der Komplex, der eigene Werkstätten, Krankenhäuser, Kinderstationen, Pilgerheime, Kirchen, Kapellen, und Wohnungen für die Angestellten umfasste. Die gesamte Front zum Dom hin, den gesamten Hügel hinunter bedeckt der Komplex eine riesige Fläche. Heute sind Museen

Wertvolle Fresken im Pilgersaal

und Ausstellungsräume darin untergebracht, der PILGERSAAL und die ALTE SAKRISTEI sind mit wertvollen Fresken geschmückt und zu besichtigen. Unter anderem beherbergt das Gebäude auch das ARCHÄOLOGISCHE MUSEUM. Das Ospedale ist aber kein Museum im klassischen Sinne, sondern eine Umwandlung eines alten Gebäudes im Sinne der Kunst.

Öffnungszeiten: Täglich 10.30–18.30 Uhr, Eintritt und Workshops nur mit Reservierung
Preise: 3 € pro Stunde, Mindestteilnehmer pro Kurs 5 Kinder
Informationen: Complesso Museale Santa Maria della Scala, , Piazza Duomo, Siena, Tel. +39/0577/53 45 32, www.santamariadellascala.com

Speziell für Kinder bietet es ein Kindermuseum **SIENA-BAMBINUS** für Kinder im Alter bis zu 11 Jahren mit einzigartigem Programm. Bambinus ist ein Museum, in dem die Kunst der Kinder ausgestellt wird, es gibt Workshops, in denen Techniken erlernt und vertieft werden, hier werden in Theaterstücken künstlerische Inhalte auf die Bühne gebracht. Bambinus bietet ein ganzheitliches Kunsterleben und -schaffen, das sich an alle Sinne, alle Fähigkeiten und vor allem an das Kind als kreatives Geschöpf wendet. Natürlich liegt der Schwerpunkt der Arbeiten und Themen in der Kunst Sienas, wodurch den Kindern Gelegenheit gegeben ist, die Eindrücke der Stadt selbstständig zu verarbeiten und auch auszustellen. Spielerisch werden sie in die Kunst Sienas und deren Geschichte eingeführt. Sie lernen Bilder zu interpretieren und aus den Gemälden Stil und Geschichte zu lesen. Das Museum führt daneben eine Dauerausstellung der Arbeiten der Kinder mit Skulpturen, Malerei, Videos, Fotografien und Installationen, die sich regelmäßig den verschiedenen Epochen und Themen widmen. Den jungen Besuchern vermittelt sich so ein Kunsterlebnis aus verschiedenen Zeiten.

Hier wurden tausend Pilger gleichzeitig wieder gesund, im riesigen Hospiz della Scala.

42 Basilika San Domenico

Die heimlich schönste Kirche der Stadt

An der Piazza San Domenico in der Contrade des Drago befindet sich der eindrucksvolle gotische Backsteinbau San Domenico.

Im Jahr 1488 wurde in der Basilika die Kapelle der heiligen Katharina errichtet, die heute das Haupt der Stadtheiligen Katharina bewahrt. Dort ist auch das älteste Bildnis der Heiligen zu besichtigen.

Von San Domenico hat man einen fantastischen Ausblick auf den Dom.

Die Basilika ist ein beeindruckender einschiffiger Bau. Für den Bettelorden der Dominikaner typisch, fehlt jeder Schmuck. Gewaltig und groß wirkt der Innenraum. Die Einfachheit und schiere Größe sind dementsprechend auch das Beeindruckende an dieser Kirche. Die Größe war für die Predigten gedacht, damit möglichst viele zuhören konnten. Deshalb stehen in der Kirche auch keine Bänke und Stühle. Rundum hängen zu Ehren der Stadtheiligen die 17 Fahnen der Contraden Sienas.

KATHARINA VON SIENA war das 25. Kind des Wollfärbers Benincasa und wurde am 25. März 1347 geboren, ein Jahr vor der furchtbaren Pest, bei der in der Stadt die Hälfte der Menschen starb. Gegen den Willen der Eltern und trotz deren starkem Widerstand trat sie mit 20 Jahren in den dritten Orden der Domi-

Öffnungszeiten: März bis Oktober 7–18.30 Uhr, November bis Februar 9–18 Uhr, keine Besichtigung während der Messe werktags 7.30 Uhr, 9 Uhr und 18 Uhr, feiertags 7.30 Uhr, 9 Uhr, 10.30 Uhr, 12 Uhr und 18 Uhr
Preise: Eintritt frei
Informationen: Basilica Cateriniana San Domenico, Piazza San Domenico, 53100 Siena

nikaner ein. Dritter Orden bedeutet, dass die Mitglieder weder Mönche noch Nonnen sind, aber trotzdem nach den Ordensregeln leben. Man räumte ihr eine Zelle ein, in der sie drei Jahre lang in völliger Abgeschiedenheit lebte. Dann hörte sie eine Stimme, die ihr sagte, sie solle in die Welt hinausgehen. Tausende strömten herbei, um sie zu sehen und zu hören. Es bildete sich ein Kreis von Mystikern um sie. Sie schrieb Briefe an Könige, Staaten und den Papst, dass Friede sei unter den Völkern. Viele Könige und Fürsten baten sie um Rat. Der Kern ihrer Lehre war, dass der Mensch wie in einer Zelle der Selbsterkenntnis wohnt, diese wird zum Stall von Bethlehem, in dem Christus geboren wurde und so wird man aus seiner Zeit in die Unendlichkeit Gottes geboren.

Zigtausende von Ziegeln: Von der Seite wird erst das gewaltige Ausmaß der Kirche deutlich; es sind sogar zwei Kirchen übereinander.

RUND UM DEN
MONTE AMIATA

43 Treno natura

Mit dem Zug in eine andere Zeit

Die Eisenbahn ist ein Verkehrsmittel. Die Museumsbahn treno natura ist aber auch eine Zeitmaschine. Sie führt uns gleichermaßen durch die stimmungsvolle Landschaft der südlichen Toskana zu saisonal verschiedenen Zielen und in eine vergangene Welt der mechanischen Technik.

Von Siena führt die alte Bahnlinie in einem großen Ring nach Süden. Der Ring beginnt in Asciano im Osten Sienas, wo sich die Linie von der Strecke nach Chiusi trennt. Hier sind wir in der Crete von Asciano, in einer zerfurchten Landschaft, in der auf allen Hügeln Getreide angebaut wird. Im Frühjahr leuchten die Felder rot vom Mohn. Von dort windet sich die Strecke durch das Tal des Flusses Asso nach Süden bis Montalcino. Hier bestimmen die Weinberge des Brunello und die Zypressen das Landschaftsbild. Die Gleise folgen im Schatten des Monte Amiata der Orcia nach Westen, bevor sie in Monte Antico in die Strecke von Grosseto einmünden und, dem Fluss Ombrone folgend, über Buonconvento zurück nach Siena führen. Silos und große Verschiebebahnhöfe zeugen heute noch von der wirtschaftlichen Bedeutung der Bahnlinie für den Transport des Getreides. Große Viadukte überspannen die Flusstäler und Tunnel durchschneiden die Hügel.

In diese so harmonisch schöne Landschaft der senesischen Crete betten sich die weiten Kurven und das sanfte An- und Absteigen der Gleise schön

Abfahrt und Ankunft: Bahnhof Siena Abfahrt gegen 08.15 Uhr, Ankunft gegen 18 Uhr, Parken am Bahnhof
Preise: Erwachsene 32 €, Kinder bis 10 Jahre frei ohne Sitzplatzanspruch, Buchungsgebühr 3 € pro Teilnehmer; der Preis beinhaltet auch eventuelle Transfers; begrenzte Anzahl an Sitzplätzen, Reservierung obligatorisch
Informationen: Terre di Siena – Treno natura, www.trenonatura.terresiena.it oder www.cretedisiena.com; Agenzia Viaggi, Visione Del Mondo di GJS Srl, Via dei Termini 83, 53100 Siena, Tel. +39/0577/28 18 34 oder Tel. +39/0577/480 03, www.terresiena.it

Hat seinen festen Platz im satten Grün der Getreidefelder und Wiesen: der rote Mohn.

ein. 1994 stillgelegt, gründete sich im gleichen Jahr ein Verein zum Erhalt der Bahnlinie als Kulturgut. Das Konzept verfolgt zwei Ziele. Einerseits spielt hier natürlich Eisenbahnromantik eine große Rolle, wenn original erhaltene alte Dieseltriebwagen oder Dampflokomotiven über die Gleise fahren. Andererseits fahren die Züge thematisch zu Festen, Ausstellungen und Museen entlang der Strecke. Mit dem BURGENZUG wandert man zwischen zwei Stationen auf dem Burgenweg, der TRÜFFELZUG fährt nach San Giovanni d´Asso zum Trüffelfest, der PILZZUG bringt einen in die Wälder zum Pilze sammeln und der MUSEUMSZUG zu den Kirchen und Museen entlang der Strecke.

Die Stimmung ist ausgelassen, man fachsimpelt über Technik und freut sich über die schöne Landschaft. Das Publikum ist vorwiegend italienisch und alle Berührungsängste sind spätestens beim ersten Halt und beim ersten Caffè überwunden.

44 Pienza

Ein Papst baut sich eine Stadt

Die Stadt Pienza glänzt als wahres Kleinod in der südlichen Toskana. Sie liegt wie ein Balkon auf einem Hügel über dem Orcia-Tal zwischen den Städten Montepulciano und Montalcino.

Papst Pius II. ließ im Jahre 1459 mal eben seinen Geburtsort Corsignano in Pienza umbenennen und veranlasste den Ausbau zu einer idealen Stadt im Sinne der Renaissance. Pienza ist der steingewordene Versuch, die humanistischen Ideale menschlicher Harmonie und Ästhetik städtebaulich umzusetzen. Pius beauftragte den berühmten Baumeister Bernardo Rosselino, das Rathaus, den Familienpalast und die Kathedrale zu errichten. Innerhalb von nur drei Jahren wurden diese Hauptbauten erschaffen. Der Tod Papst Pius II. im Jahr 1464 brachte das ebenso schnelle Ende des Projekts und die ideale Stadt blieb unvollendet. Rund um den Hauptplatz von Pienza, die natürlich PIAZZA PIO II. heißt, sehen wir die vier fertiggestellten und beeindruckenden Bauten der idealen Stadt. Dort befindet sich außerdem der von Rosselino entworfene Brunnen mit einer Widmungsschrift des Papstes von 1462. Die Piazza richtet sich auf die KATHEDRALE SANTA MARIA ASSUNTA aus, eine dreischiffige Hallenkirche mit Renaissance-Fassade, die sich im Innern im gotischen Stil präsentiert. Die Kathedrale ist ein architektonisch herausragendes Bauwerk.

Der PALAZZO PICCOLOMINI, die ehemalige Residenz des Papstes, befindet sich an der nördlichen Seite des Doms. Die Gartenfront des Palastes neh-

> **TIPP**
> Hinter dem Palazzo befindet sich eine Piazza mit drei netten Lokalen, in denen leckere Gerichte aus ausschließlich regionalen Produkten angeboten werden.

Anfahrt: An der SP 146 von San Quirico nach Chianciano gelegen
Öffnungszeiten: 10.30–13.30 Uhr und 14.30–18 Uhr
Informationen: Tourist-Info, Corso di Rossellino 30, 53026 Pienza, Tel. +39/0578/74 99 05, www.comune.pienza.siena.it

men vier übereinander liegende Loggien ein. Diese geben einen schönen Blick auf das Orcia-Tal und den Monte Amiata frei. Der **PALAZZO VESCOVILE**, die ehemalige Residenz des Kardinals Rodrigo Borgia, des späteren Papstes Alexander VI., befindet sich gegenüber des Palazzo Piccolomini. Der Bau dieses Palastes wurde als Familiensitz der Familie Borgia in Auftrag gegeben. Der **PALAZZO COMMUNALE** schließlich, das Rathaus, liegt gegenüber der Kathedrale Santa Maria Assunta. Dieses Gebäude ist im Zeichen

Der Domplatz in Pienza dient sogar als Sonnenuhr.

An Pienzas Stadtmauer liegt einem die Toskana zu Füßen, der Blick schweift weit; bis Radicofani, der Grenzfeste nach Latium.

Das Gras machts und der gute Boden, dass die Cugusi den besten Käse bietet.

TIPP

Im **CASEIFICIO CUGUSI** können wir die verschiedenen Pecorino-Sorten probieren. Am Vormittag, wenn die frische Milch verarbeitet wird, dürfen wir vielleicht einen Blick in die Molkerei werfen und zuschauen, wie aus Milch Käse entsteht. Von der *Ricotta*, dem Frischkäse über den halbgereiften bis zum *Pecorino al tartufo* bietet die Molkerei sechzehn Variationen. Caseificio Cugusi, Di Silvana &Co., Via della Boccia 8, 53045 Montepulciano, Tel. +39/0578/75 75 58, www.caseificiocugusi.it

städtischer Freiheit dem Florentiner Stadtturm des Palazzo Vecchio nachempfunden.

Links vom Dom führt ein kurzer Weg auf die **STADTMAUER**. Von dort präsentiert sich ein wunderschöner Weitblick auf die toskanische Hügellandschaft bis hin zum Bergmassiv Monte Amiata. Links sehen wir, wie die Zypressenalleen sich die Hänge hinauf winden, dann folgt die Kulisse des Monte Amiata. Vor uns liegt das weite Tal der Orcia und auf

Pecorino in allen Variationen: Alt, Mittel oder Jung, als Drei-, Zwei- und Einkäsehoch …

dem Ausläufer des gegenüberliegenden Bergrückens die Kulisse Montalcinos.

Folgen wir der Stadtmauer bis zu ihrem Ende, kommen wir auf den Corso. Der CORSO ROSSELLINO, die Flaniermeile von Pienza, bietet viele kleine Boutiquen, Feinkostläden und Weinläden. Dort bekommen wir einen gewissen Käsegeruch nicht mehr aus der Nase: Pienza ist nämlich die Hauptstadt des Pecorino. Der Pecorino toscano ist ein halbfester Hartkäse aus Schafsmilch. Er schmeckt sowohl frisch als auch ausgereift, mit weißer, roter oder schwarzer Schale. Dem Pecorino ist sogar ein Festtag gewidmet: Jeweils am ersten Sonntag im September findet auf der Piazza Pio II. eine Ausstellung der örtlichen Käsereien statt.

Die Gegend um Pienza nennt sich CUGUSI. Sie ist mit ihren weiten, offenen Landschaften für grasende Schafe wie geschaffen. Auf den Weidegebieten der Umgebung finden die Schafe besonders aromatisches Gras und Kräuter, was sich natürlich in der Milch niederschlägt. So entsteht in der Cugusi der beste Pecorino, den man in der Toskana finden kann.

Olivenöl

Die Olive ist die älteste Kulturpflanze der Welt. Der gesamte Mittelmeerraum ist geprägt von den zerfurchten Stämmen und den silbrig grün glänzenden Blättern. Und die italienische Küche ist ohne Olivenöl einfach nicht denkbar.

Ölbäume brauchen acht Jahre, bis sie zum ersten Mal Früchte tragen. Dafür werden sie aber auch bis zu 700 Jahren alt und tragen bis zum Schluss unermüdlich. Da sie mehrmals im Jahr geschnitten werden, sind die alten Bäume sehr knorrig.

Über dem offenen Feuer wird das Brot für die Bruschetta geröstet, mit Knoblauch eingerieben und mit reichlich Olivenöl begossen. Köstlich!

Es gilt hier aber die Regel: je knorriger, desto besser gepflegt, desto höher der Ertrag.

In uralter Zeit warb der mythische König Kekrops um göttlichen Bei-

stand für seine Stadt. Die Göttin Athene bot den Ölbaum und brachte der Menschheit damit die Zivilisation. Licht, gebratene Speisen und die Hygiene sind untrennbar mit dem Olivenöl verbunden, da die Menschen sich früher in den Schwitzbädern mit Öl einrieben und dies mit dem Schweiß vom Körper schabten. Für die antiken Griechen war der Ölbaum in Athen selbst heilig.

In Italien wäscht man sich zwar nicht mehr mit dem Öl, es streiten aber gleich mehrere Regionen um die Krone für das beste Öl. Von Sizilien bis Ligurien wetteifern die Bauern um diese Ehre. Jede Region hat ihre eigenen Sorten, teilweise sogar innerhalb einer Region mehrere. Die Toskana spielt in diesem Wettbewerb ganz vorne mit. Da die kleinteilige Landwirtschaft keine großen Erträge erlaubt, bemühen sich die Bauern um besondere Qualität. In der Nähe von Montepulciano gibt es eine kleine Ölmühle, die wir besichtigen und wo wir Öl verkosten können. Daneben bietet Elena, die Besitzerin, leckeres Essen und Wein an. Elena erklärt, was beim Öl jungfräulich bedeutet, warum es viel wichtiger ist, dass es kalt gepresst sein muss und schließlich wie wir Unterschiede schmecken. Sie zeigt uns ihre alte und neue Mühle. Die alte stammt aus dem 16. Jahrhundert, die neue ist gerade mal zehn Jahre alt. An der Technik hat sich wenig geändert. Jedes Jahr im Herbst spannen sie unter den Bäumen Netze aus, kämmen die Früchte aus der Krone und sammeln sie aus den Netzen. Sie werden gemahlen und gepresst. Das Öl trennt sich vom Wasser und muss noch einige Wochen reifen, bevor es in Flaschen abgefüllt wird. An diesen Arbeitsschritten hat sich in 3000 Jahren nie etwas geändert. Kommen wir im Oktober zu ihr, dürfen wir mit in die Ölhaine. Wir helfen, die Oliven zu pflücken, sie zur Mühle zu bringen und dort zu Öl zu verarbeiten. So erleben wir den gesamten Zyklus vom Pflücken bis zum Öl. Viel Arbeit, aber ein tolles Erlebnis!

Ende Oktober beginnt in der Toskana die Ernte. Die Netze unter den Bäumen sind schon gespannt. Gleich kann es losgehen.

Oben: Reif und zum Essen bereit sehen diese Oliven aus, aber Achtung! Erst müssen sie in Salzlake eingelegt werden.

Frantoio La Macina, Strada Cavie e Valli 34, 53042 Chianciano, Tel. +39 0587 30377, www.frantoiolamacina.it

45 Monte Oliveto Maggiore

Ein wunderbar einsames Kloster

In den Hügeln oberhalb von Buonconvento liegt auf einem Lehmrücken abgeschieden und stimmungsvoll das Kloster der Olivetaner. Ein Freskenzyklus erzählt vom Leben und Wirken des heiligen Benedikt – für uns heute eine Bildergeschichte zum Mitlesen und Mitraten, die großen Spaß macht.

Der heilige Benedikt grüßt segnend zum Abschied und dankt für unseren Besuch.

Im Jahr 1313 zogen sich drei Bürger aus den angesehensten Familien Sienas, der Tolomei und Picolomini, in die Einsamkeit der Crete im Süden Sienas zurück, um ihr Leben von nun an nicht mehr dem eigenen Ruhm, sondern dem Dienen Gottes zu widmen. Giovanni Tolomei, der sich später **BERNARDO** nannte, und seine zwei Begleiter errichteten hier ein Klostergebäude, das sie unter die Regel des Heiligen Benedikt stellten, nach dessen Grundsätzen und mit dessen Wahlspruch *Ora et Labora*, »Bete und arbeite«. Sieht man sich die Land-

Anfahrt: Von Buonconvento und Asciano ausgeschildert; gebührenpflichtiger Parkplatz oberhalb des Klosters; von dort in zehn Minuten zum Kloster
Öffnungszeiten: 9–12 Uhr und 15.15–18 Uhr
Preise: Eintritt frei
Alter: Ab 8 Jahre
Informationen: Abbazia di Monte Oliveto Maggiore, 53041 Asciano, Tel. +39/0577/70 76 11

schaft um das Kloster an, zeigt sich die Bedeutung der Wahl des Ortes –
kein fruchtbares Land, sondern abrutschende Hänge und lehmige Böden
versprechen harte Arbeit und kargen Lohn.

*Einsam und idyllisch liegt das Kloster Monte Oliveto Maggiore inmitten der
senesischen Crete.*

Wir erreichen das Kloster durch einen Wehrturm, über dessen Tor eine Ma-
rienstatue aus Terrakotta aus der Werkstatt des Luca della Robbia uns im
Kloster willkommen heißt. Drehen wir uns nach dem Tor um, sehen wir,
wie eine Figur des hl. Benedikt dem Gehenden seinen Segen auf den Weg
mitgibt. Ein Weg führt vom Tor durch ein Wäldchen zum Klosterkomplex
mit Klosterladen und Weinkeller. Zu besichtigen sind der Kreuzgang, die
Kirche, das Refektorium und die Bibliothek.
Der **KREUZGANG** ist geschmückt mit einem Zyklus aus 36 Fresken von
Luca Signorelli und Sodoma, der das Leben und Wirken des Ordensgrün-
ders in Geschichten bildlich darstellt.

46 Wanderung von Monte Oliveto nach Chiusure

Mit Einkehr im Paradies

Vom Kloster Monte Oliveto Maggiore können wir eine spektakuläre Rundwanderung durch die Crete unternehmen. Die Wanderung beginnt unmittelbar beim Kloster, führt in den kleinen Ort Chiusure, wo wir im Paradies einkehren können, und endet am Parkplatz des Klosters.

Wäre oben nicht das Örtchen Chiusure, fehlte nicht viel, um sich auf dem Mond zu wähnen.

Neben der Marmorfigur des Tolomei geht ein Weg mit Wegweiser Richtung Grotte ab. Am nächsten Haus gehen wir links die Stufen hinab, der Weg ist markiert. An der nächsten Kreuzung halten wir uns links, dann rechts. Links über uns sehen wir die Klostermauern. Der Weg führt gemütlich bergab. An der nächsten Gabelung gehen wir wieder nach links. Nach 20 Minuten sind wir unten im Tal. Wir halten uns rechts, überqueren den Bach in einer Furt und steigen den Hang hinauf. An der nächsten Gablung gehen wir nach rechts

Ausgangs-/Endpunkt: Parkplatz des Klosters
Weglänge: 6 km
Gehzeit: 1 Std. 30 Min.
Höhenmeter: 180 m
Tourencharakter: Waldwege, Pfade, Treppen und kaum befahrene Straße
Alter: Ab 8 Jahre
Einkehr: Locanda Paradiso, Porta Senese 25, Località Chiusure, 53041 Asciano, Tel. +39/0577/70 70 16

und sind schon auf dem Kamm der Crete. Die kleine Anhöhe 50 Meter
rechts bietet einen grandiosen Blick auf Abtei und Chiusure. Wir kommen
vom Aussichtspunkt zurück und wandern Richtung Chiusure. Der Weg
senkt sich und steigt dann wieder an. Hier bieten sich tolle Ausblicke in die
erodierten zerklüfteten Hänge. Nun erreichen wir die Straße. Links werden
wir nachher zum Kloster absteigen, jetzt halten wir uns rechts und erreichen nach insgesamt einer Stunde Gehzeit den Ort. Die TRATTORIA
PARADISO ist der Mittelpunkt des Dorfes, Bar, Laden, Gasthaus und Treffpunkt in einem. Die Bauern kommen auf einen Caffè und kaufen eine Pa-
ckung Nudeln, einige Tische sind für Wanderer oder Radfahrer reserviert.
Der Wirt bedient uns mit Getränken, seine Frau kocht und serviert. Hier
gibt es lecker *Picci*, also selbstgemachte toskanische Spaghetti.

Der Rückweg führt zur Straße, wo wir den Ort erreicht haben. Dort gehen
wir geradeaus, am Friedhof vorbei, und erreichen so den Fußweg *Sentiero
le Paggiarelle*. Diesen gehen wir am Geländer entlang bis zur Straße hinunter und gelangen in wenigen Minuten zum Parkplatz des Klosters.

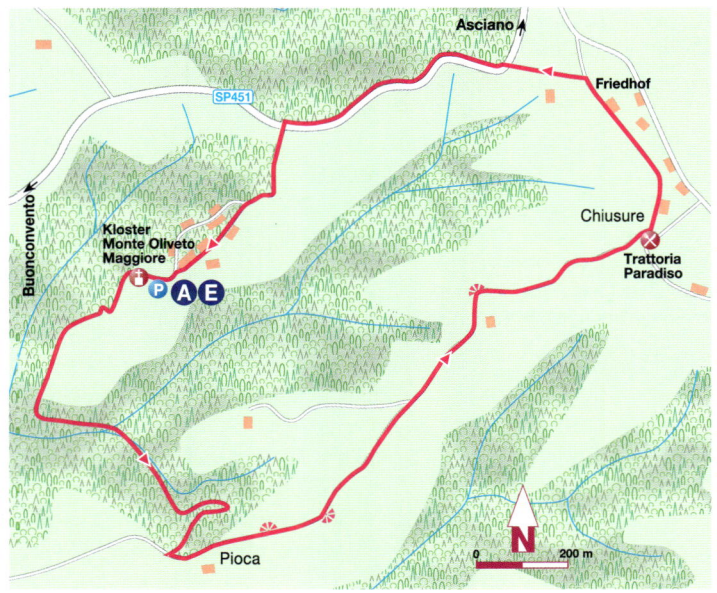

47 Bagni San Filippo

Baden beim weißen Wal

Bagni di San Filippo gilt als das älteste natürliche, von Menschen genutzte Heilbad der Welt, das direkt aus einer heißen Quelle gespeist wird. Vermutlich badeten im Altertum hier schon die Etrusker und die Römer. Wir baden heute in einem kleinen Parcours von Becken zu Becken.

San Filippo ist ein kleiner Ort, der vom Wasser lebt. Unterhalb des einzigen Hotels im Ort – das Hotel Terme versprüht den Charme der 70er-Jahre – befindet sich das kleine, einfache THERMALBAD, das durch einen direkten Zulauf beständig mit heißem Wasser gespeist wird. Von Mai bis November können wir dort in ca. 38 °C warmem Wasser herrlich schwimmen und relaxen. Mutige probieren die heiße Felsendusche aus, die mit 52 °C schon etwas herausfordernd ist.

Am schönsten jedoch ist es, vom Ort durch den Wald im kleinen Tal entlang des Baches abwärts zum FOSSE BIANCO zu laufen. Wildromantisch formt der Bachlauf zahlreiche Terrassen, in denen sich das Wasser zu natürlichen Badebecken aufstaut. Hinter jeder Wegbiegung tut sich ein neues Becken auf, gänzlich verschieden von den vorherigen. So reiht sich eines an das andere, von Felsen und grünem Buschwerk umgeben, so lange, bis die Macchia das Weitergehen nicht mehr zulässt. Die kleinen, flachen Becken sind weißlich trüb und sehen aus wie mit verdünnter Milch gefüllt. Die breiteren und tieferen leuchten in einem feinen, pastelligen Türkis. Wasserfälle in allen Größen verbinden die Becken miteinander. Ihr fortwährendes, ruhiges Plätschern und Murmeln ist allgegenwärtig. Wo das mineralienreiche Wasser der Quelle aus

Anfahrt: Auf der SR 2 Cassia von Siena nach Rom bei Kilometer 182 auf die SP 61 nach Bagni San Filippo abbiegen; im Zentrum parken, gegenüber der Bar Alimentari Tabacchi beginnt der Fußweg zum Fosse Bianco und zum weißen Wal, der Balena bianca

Preise Hotel Terme: Eintritt für einen Tag 10 € inklusive Liege, Sonnenschirm, Umkleide, Duschen und WC

Informationen: Bagni San Filippo, www.bagnisanfilippo.eu; Hotel Terme San Filippo, Via San Filippo 23, 53020 Bagni di San Filippo, Tel. +39/0577/78 29 82, www.termesanfilippo.com

Nein, es ist kein Gletscher! Der weiße Wal, la balena bianca, ist aus Kalk und gar nicht kalt.

dem Felsen ausgetreten ist, haben sich im Laufe der Zeit grandiose Kalksinterablagerungen gebildet. Wenn wir dem kleinen Pfad bergab folgen, sehen wir plötzlich, wie sich aus dem dunklen Wald ein riesiger, strahlend weißer Kalksinterabhang auftut, der aus dem Felsen herauszuquellen scheint. Die Einheimischen nennen ihn treffend BALENA BIANCA, weißer Wal, denn seine Form sieht wie der große Kopf eines Buckelwales aus. Majestätisch und würdevoll in sich ruhend schaut er auf seine Besucher und regiert über das stille Tal. Früher konnten wir hinaufklettern und direkt in seinen Gruben und Becken im heißen Wasser baden. Heute ist er als Naturdenkmal geschützt und wir müssen mit dem etwas kühleren Wasser im Bach vorlieb nehmen.

145

48 Bagno Vignoni

Baden bei den Piccolomini

Bagno Vignoni ist ein kleiner malerisch gelegener Kurort inmitten des Val d'Orcia. Das Örtchen liegt im Schutze der beiden mächtigen Festungen Rocca d'Orcia und Castiglione d'Orcia, unmittelbar oberhalb des Flusses.

Der aus wenigen Häusern bestehende Ort ist geprägt durch den Palast der Papstfamilie der Piccolomini. Der elegante und wuchtige PAPSTPALAST ist heute ein Hotel. Davor liegt das zentrale Becken, das unter Denkmalschutz steht und in dem wir leider nicht mehr baden dürfen. Das Örtchen strahlt die Stimmung vergangener Zeiten aus, als hörte man gleich das Hufgetrappel der adeligen Gesellschaft, die zum Bade reitet. Kleine Läden und sympathische Bars und Trattorien laden zu einem wunderschönen und entspannten Aufenthalt ein. Kinder können selbstständig den Ort erkunden und im Wasser planschen.

Das größte Thermalbecken befindet sich in dem Wellness-Hotel ADLER THERMAE und kann nur von den Hotelgästen genutzt werden. Frei zu-

Schützend blickt die Festung Rocca d'Orcia auf unser Thermalbad herunter.

Anfahrt: Bagno Vignoni liegt 40 Kilometer südlich von Siena an der SR 2 Cassia von Siena nach Rom
Öffnungszeiten: April bis September 9.30–18 Uhr, im Sommer am Wochenende bis 24 Uhr
Preise: Erwachsene 15 €, Kinder bis 14 Jahre 10 €, bis 6 Jahre frei
Informationen: La Piscina Val di Sole, Via Ara Urcea 43, 53027 Bagno Vignoni, Tel. +39/0577/88 71 12, www.piscinavaldisole.it

gänglich ist das Thermalbecken im HOTEL POSTA MARCUCCI bzw. das dem Hotel angeschlossene Thermal-Freibad LA PISCINA VAL DI SOLE. Am Wochenende können wir hier bis Mitternacht baden! Am Steil-

Lorenzo de Medici erfreute sich bester Gesundheit!

hang des Orciatales befindet sich eine Kaskade aus den Kanälen ehemaliger Wassermühlen. Dazwischen liegen jeweils Becken zum Auffangen und Zwischenspeichern des Wassers. Diese Mühlen waren einst sehr bedeutend, da sie auch während des Sommers genügend Wasserzulauf hatten. Heute können wir in den Kanälen und Becken herrlich planschen oder einfach die Beine im warmen Wasser baumeln lassen. Unterhalb des reizenden Örtchens gibt es ein paar öffentliche Becken zum Planschen am Ufer des Flusses Orcia. Das bikarbonat- und sulfathaltige Thermalwasser wirkt besonders wohltuend bei Haut-, Knochen- und Gelenkbeschwerden.

49 Skulpturen im Park bei Seggiano

Hier ist das Ende aller Dinge

Dieser wunderbare Skulpturengarten war eine Vision des vielseitigen Künstlers Daniel Spoerri. In den frühen 90er-Jahren schuf er einen ausgedehnten Skulpturenpark, der 1997 für das Publikum zugänglich gemacht wurde. Eine Reise in die Landschaften seiner Fantasie.

Vor zwanzig Jahren hat Daniel Spoerri damit begonnen, einen KÜNSTLERGARTEN entstehen zu lassen. Neben einigen Bronzearbeiten von Daniel Spoerri selbst warten Installationen und Skulpturen von 40 verschiedenen Künstlern auf ihre Entdeckung in dem weitläufigen Gelände. Nicht nur namhafte Künstler wie Eva Aeppli oder Meret Oppenheim sind hier vertreten, sondern auch einige junge, bisher noch unbekannte Künstler sind in die Sammlung aufgenommen worden. Viele der Kunstobjekte sind nicht direkt sichtbar, sondern müssen tatsächlich in der Naturlandschaft entdeckt und erwandert werden. Verschlungene Pfade führen durch Wald-

Anfahrt: SR 2 Cassia Siena–Roma bis Bagno Vignoni; 50 Meter nach der Brücke rechts abbiegen auf die SP 323, Richtung Castiglione d'Orcia und weitere 14 Kilometer bis Seggiano; durch den Ort Richtung Castel del Piano; nach ca. 500 Metern links abbiegen Richtung Pescina, Campo sportivo, Il Giardino di Daniel Spoerri. Von Grosseto und Arcidosso kommend 500 Meter vor Seggiano rechts abbiegen, Richtung Pescina, Campo Sportivo, Il Giardino di Daniel Spoerri. Der Eingang befindet sich nach ca. 600 Metern auf der linken Seite, gegenüber dem Fußballplatz
Öffnungszeiten: Täglich 11–20 Uhr, März bis Juni und Oktober Montag geschlossen
Preise: Erwachsene 10 €, Kinder und Jugendliche bis 14 Jahre 8 €, Kinder bis 8 Jahre frei
Informationen: Fondazione Hic Terminus Haeret, Il Giardino di Daniel Spoerri Onlus, Loc. Il Giardino, 58038 Seggiano GR, Tel. +39/0564/95 08 05, www.danielspoerri.org

Grasbank: Gut getarnt oder: Das ideale Möbelstück für ein Wohnzimmer im Freien.

stücke und Olivenhaine, die immer wieder mit gekonnt installierten Kunstobjekten überraschen.

Ein PFLANZENPFAD ergänzt den Skulpturenrundgang. Bis jetzt wurden ca. 40 Pflanzenarten auserwählt, die zu den bedeutendsten Kultur- und Wildpflanzen der Region zählen. Die Pflanzen sind mit Hinweiskärtchen versehen, auf denen auch ökologische, regionale oder literarische Kommentare zu lesen sind. So hat Daniel Spoerri eine gelungene Verbindung zwischen Kunst und Natur geschaffen.

Höhepunkte des Parks sind Spoerris Rekonstruktion des Hotelzimmers CHAMBRE NO. 13, das er Anfang der 60er-Jahre in Paris bewohnte. Es besteht ganz aus Bronze. Ein vergoldeter Olivenbaum zieht schon von Weitem die Blicke auf sich, und im Kreis der Einhörner fühlt man sich am Nabel der Welt. Von hier aus den Sonnenuntergang zu betrachten, ist ein besonderes Erlebnis. Eva Aeppli ließ von ihr genähte Köpfe in Bronze gießen und porträtiert damit die Gestirne.

Dieser Skulpturengarten ist für Kinder eine Fundgrube der animierten Fantasie. Durch die Plastizität der Skulpturen und ihren konkreten Alltagsbezug können Kinder diese sofort in ihre fantastischen Spielwelten integrieren. Da alle Skulpturen begehbar sind, bleibt den Großen nichts, als im kleinen Restaurant Non solo Eat Art zu warten.

50 Quecksilberminen des Monte Amiata

Museum und Minen rund um den Monte Amiata

An der Bruchgrenze des Monte Amiata kommt Quecksilber gebunden in Zinnober vor. Seit dem 19. Jahrhundert bis 1981 wurde das Metall in Minen gewonnen. Zu Beginn des 20. Jahrhunderts wurden hier ca. 20 Prozent des Weltbedarfs an Quecksilber gefördert. Heute sind vier Minen und ein Museum zu besichtigen.

San Salvatore ist der Hauptort mit Stollen und Museum. Das Museum befindet sich beim KLOSTER SAN SALVATORE und ist in vier Abteilungen aufgebaut: Arbeit in den Minen, die Geologie, die Labors und die Geschichte der Quecksilbergewinnung am Amiata. Dort ist auch eine Mine zu besichtigen. Die Mine ist als Museum eingerichtet mit Loren, Baggern

Anfahrt: Nach Castell'Azzara auf der SR 2 Cassia von Siena nach Rom bei Kilometer 160 auf die Strada provinciale del Monte Amiata bis Piancastagnaio und Santa Fiora; weiter auf die SP Pitigliano Santa Fiora bis Castell Azzara, dort im Ort ausgeschildert. Nach Abbadia San Salvatore auf der SR 2 Cassia von Siena nach Rom bei Kilometer 182 auf die SP 61 bis in den Ort; nach dem Krankenhaus rechts abbiegen; nach 500 Metern ist auf der rechten Seite das Museum ausgeschildert. Nach Siele auf der SR 2 Cassia von Siena nach Rom bei Kilometer 182 auf die SP 61 nach Abbadia San Salvatore oder bei Kilometer 160 auf die Strada provinciale del Monte Amiata, weiter nach Piancastanaio, ab dort ausgeschildert
Öffnungszeiten: Villaggio Minerario 9.30–12.30 Uhr und 15.30–18.30 Uhr, Siele 9.30–12.30 Uhr und 15.30–18.30 Uhr
Preise: Parco Museo Minerario Erwachsene 5 €, Kinder ab 6 Jahre 3 €; Abbadia San Salvatore Erwachsene 5 €, Kinder ab 6 Jahre 3 €
Alter: Ab 8 Jahre
Informationen: Parco Museo Minerario, Piazzale R. Rossaro, Abbadia San Salvatore (Siena), Tel. +39/0564/95 12 51 oder Tel. +39/348/783 70 16, www.castellazzaraonline.it; Castell`Azzara, Miniera del Cornacchino Galleria Ritorta, Pro Loco Castell'Azzara Via D. Alighieri 36, Tel. +39/0577/77 83 24; Siele, Villaggio Minerario, Località Cancelli Piancastagnaio, Tel. +39/347/121 09 27, www.parcoamiata.com

und Menschen, die dort unten arbeiteten.

Die zweite Mine befindet sich 15 Kilometer südlich in MORONA bei Selvana und ist als Produktionskomplex vollständig erhalten. Interessant an dieser Mine ist der vollständig nachvollziehbare Gewinnungs- und Herstellungszyklus des Quecksilbers. Vom Abtransport mit Lorenbahn über die Transportbänder zu den Öfen, wo das Mineral bei hohen Temperaturen ausgekocht wurde, um das Quecksilber herauszulösen. Daneben ist in dieser Mine die Entwicklung der Quecksilbergewinnung dargestellt, von den ersten einfachen Öfen bis hin zu komplexen Hochtemperaturöfen, sogenannten Pazifik-Öfen.

Die interessanteste Mine ist die von SIELE, zehn Kilometer westlich, die als erste 1859 in Betrieb ging. Sie ist bis heute als echtes Grubendorf erhalten. Das Haus des Direktors, die einzelnen Anlagen zur Gewinnung und Bearbeitung des Zinnobers, die Wohnhäuser der Arbeiter, eine kleine Schule, Kapelle, Laden, Apotheke verströmen einen Hauch von Wild-West-Romantik.

Der erloschene Vulkan Monte Amiata schleicht sich immer wieder ins Bild. In ihm verbergen sich einige spannende Minen.

Oben: Das Kloster San Salvatore beherbert ein Museum.

Interessant sind die Führungen durch die Stollen, die in San Salvatore und Siele angeboten werden, teils mit ehemaligen Minenarbeitern. In San Salvatore fährt man auch mit der alten Lorenbahn. Die Führungen finden im Sommer an Sonn- und Feiertagen statt. Sie sind immer auf Italienisch, die Atmosphäre allerdings ebenso italienisch locker.

51 Volterra

Das Mittelalter lebt hier noch heute

Die Stadt Volterra strahlt einen faszinierenden mittelalterlichen Charme aus und bietet eine Vielzahl an Sehenswürdigkeiten – vom eindrucksvollen alten Stadttor bis hin zum kürzlich eröffneten Foltermuseum. Vielen ist Volterra auch wegen der Vampir-Saga Twilight ein Begriff.

Volterra thront stolz auf einem Bergrücken und ist schon bei der Anreise von Weitem zu sehen. Rund um die Altstadt führt eine Straße, an der es sechs Parkplätze gibt. Sie sind von P1 bis P6 ausgeschildert. Von jedem der Parkplätze sind es nur wenige Schritte ins Zentrum. Allerdings sind die Parkplätze vom Zentrum aus nicht ausgeschildert! Also merken wir uns gut, wo wir in die Stadt gekommen sind oder fragen: »*Mi scusi! Dove si trova il parcheggio Numero 1, 2 …*«

Die Geschichte der Stadt ist lang und ereignisreich. Sie entstand aus mehreren kleinen etruskischen Ansiedlungen im 4. Jahrhundert v. Chr. Aus der Zeit des Kaiser Augustus ist im Norden der Stadt das TEATRO ROMANO, auch *Teatro di Vallebona* genannt, gut erhalten geblieben. Den besten Blick auf die Überreste des Römischen Theaters haben wir übrigens von der Stadtmauer. Ebenfalls sehr gut erhalten geblieben ist das imposante etruskische Stadttor PORTA ALL'ARCO, einst der Haupteingang zur Stadt.

Die von hohen Palazzi gesäumte Piazza dei Priori stellt den Mittelpunkt der Stadt dar. Dort angekommen, weiß man zunächst gar nicht, welches Gebäude sehenswerter ist. Am besten trinken wir erst einmal einen Espresso in der Bar an der Ecke, die auch sehr leckeres Eis hat. Das Rathaus, den PALAZZO DEI PRIORI, erkennen wir an seinem fünfeckigen Turm. Es dominiert den großen Platz, stammt aus dem 13. Jahrhundert und ist das älteste Rathaus der Toskana. Hinter dem Palazzo dei Priori liegt der DOM von Volterra, er-

Anfahrt: Volterra liegt an der SR 68 von Colle di Val d`Elsa nach Cecina
Öffnungszeiten: 9–13 Uhr und 14–19 Uhr
Informationen: Tourist-Info, Piazza dei Priori 20, 56048 Volterra, Tel. +39/0588/872 57, www.volterratur.it

Logenplatz. Von hier oben haben wir den schönsten (und günstigsten) Blick aufs römische Theater.

baut im 12. und 13. Jahrhundert. Das Hauptportal liegt an der Piazza S. Giovanni gegenüber dem Baptisterium. Im Inneren des Doms befinden sich einige schöne Kunstwerke, vor allem die wunderschöne Verkündigung von Benozzo Gozzoli ganz im Stil der Hochrenaissance. In Nachahmung von Florenz oder Siena ist der Dom von Volterra auch schwarz-weiß gestreift. Allerdings sparte sich die Stadt den Marmor, und so ist das Zebramuster nur aufgemalt.

Das größte und bekannteste Event in Volterra findet jeweils am dritten und vierten Wochenende im August statt: VOLTERRA A.D. 1398. Das Fest spielt sich an zwei Orten ab, im historischen Zentrum Volterras und im Parco Archeologico. Den Höhepunkt erreicht das

HEY KIDS, es gibt einen Geheimeingang in den Dom. Rechts neben dem Rathaus ist ein Stück schwarz-weiß gestreifte Wand zu sehen, in der sich eine Tür befindet.

153

Fest jeweils am Sonntag, aber schon das ganze Wochenende kehrt die gesamte Stadt ins Mittelalter zurück. Paraden in historischen Kostümen, Falkenjagden und Ritterkämpfe werden dargeboten. Straßenkünstler, Artisten, Gaukler und Musikanten sind in den Gassen und auf den Plätzen unterwegs. Für Kinder gibt es spezielle Aktionen. Während des Festivals gilt eine besondere Währung, *Il Grosso Volterrano*, einfach *Grosso* genannt. Handwerkswaren, Wein und Essen können nur mit dem *Grosso* bezahlt werden. Umgetauscht wird das Geld in der Tourist-Info. 1 *Grosso*, eine Kupfermünze, ist 1 Euro wert, 5 *Grossi*, eine Goldmünze, sind 5 Euro wert.

Trügerische Idylle, wie Volterra auf dem wegbrechenden Hügel liegt.

Wer seine Münzen nicht komplett ausgibt, kann sie bis zu einer Woche nach dem Fest noch umtauschen.

An jedem ersten Sonntag im September feiert Volterra das FLAGGENFEST *Astiludio*. Dieses farbenfrohe Fest ist mit einem historischen Ereignis des XV. Jahrhunderts verbunden. Am 18. Oktober 1406 kamen zwei Boten mit einer guten Botschaft nach Volterra: Eine Woche zuvor hatten florentinische Truppen Pisa besiegt. Das damals mit Florenz verbündete Volterra jubelte und belohnte die beiden Boten großzügig. Zu Ehren des Sieges wurde ein grandioses Festessen veranstaltet. Der Tisch nahm den ganzen Hauptplatz ein, rundum standen überall Weinfässer. Das Fest beginnt pünktlich um 15.15 Uhr mit Läuten aller Glocken in Volterra. Durch jedes der vier Stadttore betreten vier Prozessionen der vier Stadtteile die Stadt, um sich auf der *Piazza dei Priori* zu treffen und am Turnier teilzunehmen. Der Preis ist der BRAVIO, eine von Meisterhand angefertigte Platte aus Alabaster.

Wanderung zur Balze von Volterra 52

Eine Stadt wird verschluckt

Im Norden wird die Stadt Volterra Jahr für Jahr weniger. Ein Teil der etruskischen Stadtmauer und eine Kirche sind schon in die Tiefe gestürzt und von der Balze verschlungen worden. Und mit jedem Regen nagt sie an dem Hügel, auf dem Volterra liegt.

Die BALZE ist ein geologisches Phänomen. Ein Erosionsphänomen, das den Boden verschluckt. Die Balze kommt in der Toskana auch noch an anderen Orten vor, etwa in der Crete Senesi, nirgends aber so spektakulär wie hier in Volterra, wo

Unterschiedliche Bodenschichten sind für das Abrutschen der Erde verantwortlich.

Ausgangs-/Endpunkt: Volterra, Porta San Giusto, zu Fuß oder mit dem Auto erreichbar, Parkplatz vor dem Tor
Weglänge: 2 km
Höhenmeter: 100 m
Gehzeit: 1 Std.
Tourencharakter: Straße abwärts, Feldwege und Wiesen
Alter: Ab 8 Jahre
Achtung: Absturzgefahr! Das Gelände fällt ohne Geländer zur Balze senkrecht ab!

sie nach und nach die Stadt verschluckt. Vor Millionen von Jahren befand sich hier ein großer See. Dieser See lagerte an seinem Grund dicke Schlamm- und Geröllschichten ab. Im Lauf der Zeit hob sich der Boden und diese Schichten hoben sich mit. Da sie oberirdisch waren, konnten sie nicht versteinern. So bildete sich Lehm und Sand. Der oben liegende Sand ist wasser-

155

durchlässig, der Boden lockert sich und rutscht ab. Der Lehm wird durch das viele Wasser weich und beginnt ebenfalls zu rutschen.

Eine kurze, aber spektakuläre Wanderung führt aus dem nördlichen Stadttor SAN GIUSTO in die Balze hinab. Gleich nach dem Tor gehen wir links zurück den Berg hinunter. Nach 250 Metern geht es unmittelbar nach einem Fangzaun am Hang scharf rechts abwärts. Dem Weg folgen wir 200 Meter bis zu einem Olivenhain. In diesen gehen wir rechts hinein und nun können wir bis zum Abbruch und in den ganzen Kessel schauen. Der Ausblick auf die Sand- und Lehmschichten ist spektakulär. Wir sehen die etruskische Stadtmauer, die plötzlich abbricht, und auch das verlassene Kloster, das eines Tages von der Balze verschlungen sein wird. Gut zu erkennen sind die Schichtungen aus Lehm und Sand. Teilweise stehen noch einzelne Sandtürme mit einem Lehmdeckel.

Wir folgen dem Weg nun weiter. Ein Stück Straße ist betoniert und soll das Abrutschen verhindern. Der Weg führt weiter hinab bis zu einem Strom-

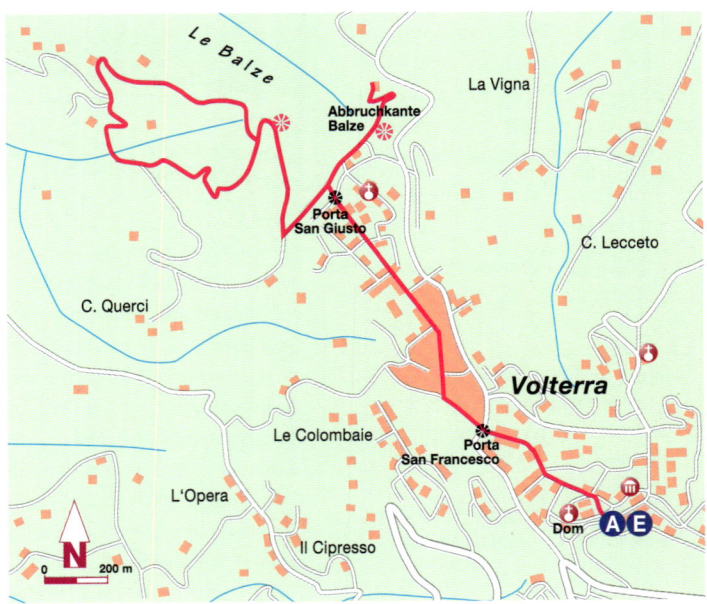

mast. An diesem biegen wir scharf nach links ab zu einem Bauernhaus. Wir gehen an dem Haus und links am Weinberg vorbei bis zu den Bäumen. Dort wandern wir über den Bach und den Hang steil hinauf bis zu den Olivenbäumen. An den Bäumen entlang geht es 200 Meter bergauf, bis wir links einen Weg in den Hain sehen. Dieser Weg führt an einem Wohnwagen vorbei und nach hundert Metern wieder auf den Weg, den wir heruntergegangen sind.

Den tollsten Blick in die Balze haben wir oben nach der etruskischen Stadtmauer. Wir gehen vom Parkplatz noch hundert Meter stadtauswärts geradeaus am Zaun und an der Stadtmauer entlang bis zu einem Holzgeländer. Hier geht es links ein paar Stufen hinunter und weiter links durch den Wald. So kommen wir in wenigen Minuten zu einer Stelle, an der wir ganz an den Abbruch herantreten können. Hundert Meter geht es ohne Geländer senkrecht hinunter. Links sieht man die abgestürzte Mauer, rechts ein verlassenes Kloster, das eines Tages in die Tiefe stürzen wird.

Die Wanderung führt uns bis an den Rand dieser Abbruchkante. Gut aufpassen!

53 San Galgano

Ein Schwert im Fels und eine Kirche ohne Dach

San Galgano und die Einsiedelei von Montesiepi befinden sich inmitten des Val di Merse, zwischen den Städten Chiusdino und Monticiano. Einsam und großartig stehen die dachlose gotische Kathedrale und die kreisrunde alte Einsiedelei in der Landschaft.

TIPP

In der Abtei werden im Sommer Konzerte, speziell das ITALIENISCHE OPERNFESTIVAL aufgeführt. Ein beeindruckender Schauplatz unter freiem Himmel, um den Arien zu lauschen. Die Architektur der Kirche ist stimmungsvoll ausgeleuchtet und die Fledermäuse flattern im Takt der Musik durch das Schiff.

Galgano Guidotti war ein wilder Ritter, der in der zweiten Hälfte des 12. Jahrhunderts in Chiusdino lebte. Auf dem Weg nach Cicitella Marittima zu seiner Verlobten, scheute Galganos Pferd und der Ritter stürzte so arg, dass er selbt nicht mehr aufstehen konnte. Plötzlich spürte er, wie eine unsichtbare Kraft ihn aufhob und ihm auf die Beine half. Er hörte eine Stimme, der er unmöglich widerstehen konnte und die ihn nach Monte Siepi führte. Die Stimme wies Galgano zur Spitze des Hügels und befahl ihm, sein sündiges Leben aufzugeben. Der Ritter zögerte jedoch und antwortete gewitzt, dass,

Anfahrt: Auf der SS 73 Senese Aretina von Siena nach Grosseto; nach 27 Kilometern rechts auf die Strada Comunale di San Galgano abbiegen; nach drei Kilometern findet sich links der Parkplatz
Öffnungszeiten: April bis Oktober täglich 9–19 Uhr, feiertags bis 20 Uhr, November bis März 9.30–17.30 Uhr; Monte Siepi: täglich von 9 Uhr bis Sonnenuntergang, außer die Signora hat wichtige Termine; sonntags Messe um 11.30 Uhr
Preise: Erwachsene 2 €, Kinder und Jugendliche bis 18 Jahre 1,50 €, Kinder bis 6 Jahren frei; Monte Siepi: Eintritt frei, Beleuchtung der Fresken Lorenzettis 50 Cent
Informationen: San Galgano, Località San Galgano 167, 53012 Chiusdino Siena, Tel. +39/0577/75 67 38, www.sangalgano.org

selbst wenn er wirklich glauben solle, dass er sein Leben ändern müsse, sich zu ändern ebenso schwierig wäre, wie einen Felsen mit einem Schwert zu zerschlagen. Er zog sein Schwert und stieß es in einen Stein, in Erwartung, dass die Schneide brechen würde. Zu seiner großen Überraschung teilte aber das Schwert den Stein und verschwand bis zum Heft im Felsen. Galgano verließ den Hügel nie wieder. Er lebte in Armut, wilde Tiere waren seine einzige Gesellschaft. Galgano

In dieser kreisrunden Kirche gibt es eine tolle Geschichte um ein Schwert im Fels.

starb mit 33 Jahren auf dem Monte Siepi und wurde vier Jahre später heiliggesprochen. Er ist in der Kirche begraben.

Die Legenden um San Galgano zogen so große Pilgerscharen an, dass die Mönche bald in der Nähe mit dem Bau einer großen Abtei begannen, der sie den Namen GALGANO gaben. So erheben sich unterhalb des Mausoleums die immer noch gewaltigen Mauerreste des ehemaligen Klosters der Zisterzienser. Durch die Reduktion auf das Wesentliche in der architektonischen Gestaltung wirkt die zisterziensische Architektur bis heute ausgesprochen modern und die Kirche, obwohl als Bettelordenkirche konzipiert, herrschaftlich.

Pest, Hungersnöte und Überfälle dezimierten die Zahl der Brüder und besiegelten den Verfall des ehemals blühenden Klosters. Bereits im Jahr 1550 war das einst mächtige Kloster schon so sehr heruntergewirtschaftet, dass der damalige Prior den Bleimantel vom Dach entfernen ließ, um ihn zu verkaufen. Kurz darauf stürzte die Decke ein.

HEY KIDS,
an der ersten Säule der linken Reihe ist am Kapitel ein MÄNNERKOPF zu sehen. Es ist der Baumeister, der sich hier verewigt hat.

54 Wanderung nach San Galgano

Herrliche Ausblicke auf die Kirche ohne Dach

Von Monticiano führt eine sehr schöne Wanderung in einer knappen Stunde zur Abtei. Dabei bieten sich immer wieder schöne Aussichten auf die Kirche und die Einsiedelei.

Ausgangs-/Endpunkt: Monticiano, an der neuen Schule
Weglänge: 2 km
Höhenmeter: 50 m
Tourencharakter: Feldweg; je nach Jahreszeit müssen wir durch die Furt waten
Alter: Ab 6 Jahre
Einkehr: In San Galgano gibt es eine Bar, im Kloster ein besonderes Brot

Im Sommer tanzen hier die Fledermäuse im Takt der Musik.

In Monticiano fahren wir am einzigen Kreisel rechts und parken an der neuen Schule. Von dort ist die Wanderung Richtung San Galgano mit Holztafeln ausgeschildert. Der Weg führt an einer seltsam geformten Pferderennbahn vorbei. Betrachten wir die Form und die Art der Kurven, erkennen wir, dass es eine Kopie der Piazza del Campo in Siena ist. Hier trainieren Jockeys und Pferde für das schwierige Rennen des Palio in Siena. Der Weg führt durch lockeren Wald mit grandiosen Blicken auf die Klosterkirche hinunter bis an eine Wiese. Dort führt uns ein etwas versteckter Wegweiser rechts zum Fluss MERSE. An der Furt gehen wir durch den Fluss und nach der Böschung entweder rechts erst zur Einsiedelei oder geradeaus zur Kirche. Das Wasser kann im Frühjahr noch recht tief sein, dann heißt es: Hosen ausziehen! Sollte das Wasser zu tief sein, auf dem gleichen Weg zurück und mit dem Auto von Monticiano den Schildern nach San Galgano folgen. Die Wanderung ist trotzdem sehr schön.

Jetzt nur noch über das Flüsschen und dann sind Kirche und Oratorium erreicht.

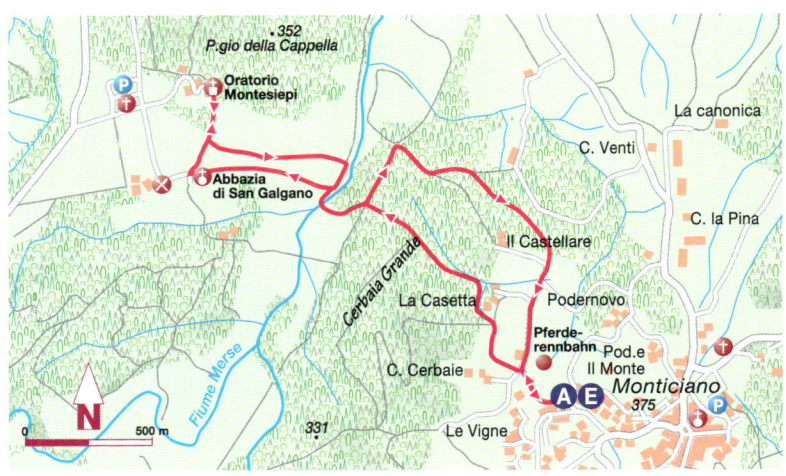

55 Massa Marittima

Der Geheimtipp in der Toskana

Die Stadt liegt etwas abseits des großen Touristenstroms, was dem Flair von Massa Marittima äußerst gut tut. Viele Cafés und Restaurants laden zu einer Pause in den Gassen ein.

Bis Ende der 40er-Jahre lebte die Stadt vor allem vom Kupfer- und Silberbergbau, was ihr schon im Mittelalter einigen Reichtum bescherte. Davon zeugen die beeindruckenden Stadtpaläste wie der PALAZZO DEL PODESTÀ aus dem 13. Jahrhundert. Die meisten der Gebäude sind aus Travertin gebaut, einem Kalkstein, der ihnen eine wunderbare gelblich, goldene Farbe verleiht, die im Abendlicht zu glühen beginnt.

Wer Ende Mai oder am zweiten Sonntag im August in der Gegend ist, sollte unbedingt zum BALESTRO DEL GIRIFALCO. Er ist eines der wichtigsten gesellschaftlichen Ereignisse des gesamten Jahres in der Stadt. Die schöne PIAZZA GARIBALDI in der Unterstadt bildet die Kulisse für dieses mittelalterliche Spektakel. In historische Gewänder gehüllt, treten die besten Schützen der einzelnen Stadtviertel gegeneinander an. Im Mittelpunkt steht der stilisierte Falke, der *gerfalco*. Der Schütze, der dieses Symbol des Feindes als Erster mit seiner Armbrust, der *balestra*, trifft, bringt seinem Viertel den Sieg, was natürlich dort ausgiebig gefeiert wird. Ein schönes Fest in stimmungsvollem Ambiente.

Was ist ein Dom ohne Piazza?! Gerne verweilen wir im Schatten des Domes auf dieser Piazza zu einem Eis mit Aperitiv.

Anfahrt: Massa Marittima liegt an der SR 439 von Val di Cecina nach Follonica
Öffnungszeiten: keine festen Öffnungszeiten
Informationen: Tourist-Info, Via Todini 3/5, 58024 Massa Marittima, Tel. +39/0566/90 27 56, www.altamaremmaturismo.it

Il Giardino dei Tarocchi

Der Tarotgarten von Niki de Saint Phalle

Bei Capalbio sieht man schon aus der Ferne das Funkeln einer monumentalen Figur. Der phantastisch gestaltete Skulpturengarten der Künstlerin Niki de Saint Phalle bezaubert nicht nur kunstinteressierte Erwachsene sondern zieht Kinder und Jugendliche gleichermaßen in seinen Bann.

1979 begann die französische Künstlerin hier ihr Lebenswerk, das die 22 Karten der »großen Arkana« des Tarot in monumentalen und zum Teil sogar bewohnbaren Figuren in einem Park verkörpert.

Alle 22 Figuren stehen für einen Begriff: Der »Narr« für Offenheit, der »Magier« für Initiative, der »Gehängte« für Krisen, der »Tod« für den Abschied. Der »Teufel« symbolisiert das Dunkle, der »Mond« Angst und Furcht, die »Liebenden« Entscheidung. Die »Welt« steht für das Ziel und das »Gericht« verheißt Erlösung.

Weiters sind da noch die vier badenden Nanas, die Lebensfreude und Harmonie verströmen, der Säulengang mit seinen herrlichen Mosaiken oder die vollbusige Königin, die »Herrscherin«, Mutter aller Lebenskraft. Darin wohnte die Künstlerin selbst, mitten in ihrem phantastischen Wunderwerk zwischen Kunst und Kitsch, Magie und Hokuspokus

Diese Figuren bilden in ihrer Gesamtheit ein monumentales, in Stein gehauenes Kartenorakel.

Die Figur ist die Wohnung der Künstlerin, in der linken Brust hat sie ihre Küche, in der rechten das Bad eingerichtet.

Adresse: Giardino dei Tarocchi, Pescia Fiorentina, 58011 Capalbio
Öffnungszeiten: 1. April–15. Oktober 14.30–19.30 Uhr
Preis: Erwachsene 12 €, Kinder von 7 bis 16 Jahren 7 €
Information: Tel. +39/0564/89 57 28, www.nikidesaintphalle.com

ETRUSKERLAND

Die schönsten Strände

Die Badeorte der Maremma mit ihren langen Sandstränden gelten als herrliches Urlaubsziel. An dieser Küste finden wir die wohl schönsten Badestrände der Toskana.

Zwischen Follonica und dem Monte Argentario liegen kilometerlange feinsandige Strände, unterbrochen von kleinen Badebuchten und

Schon mal spazierend Geige gespielt? Das ist hier ganz einfach. Probier's aus!

schroffen Klippen. Hier gibt es Schildkröten und Wildpferde, frei lebende Rinder und Schnaken. Die Südküste ist Abenteuer- und Entdeckerland.

Die **CALA VIOLINA**, die Geigenbucht, liegt sechs Kilometer südlich von Follonica inmitten des Naturparks *Bandite di Scarlino*. Die Cala Violina verdankt ihren Namen dem Sand, der singende Töne erzeugt, wenn man darüberstreicht. Außer dieser Besonderheit ist er einfach wunderschön mitten in der Wildnis gelegen und bietet kristallklares Wasser. Am schönsten erreicht man die Bucht mit einer kleinen Wanderung. Wir starten am Parkplatz des Ristorante *il Cantuccio* am Jachthafen in Puntone. Am Ende des Parkplatzes beginnt an der Schranke der Weg, auf dem wir nach etwa einer Stunde die Bucht erreichen.

CASTIGLIONE DELLA PESCAIA ist einer der bekanntesten Badeorte der Toskana. Die langen feinsandigen Strände führen flach ins Meer. Für die gute Wasserqualität und den sehr guten Touristenservice hat Castiglione della Pescaia bereits seit einigen Jahren in Folge die Auszeichnung der blauen Fahne erhalten. Dem Ortskern vorgelagert trifft man auf die gut ausgestatteten *bagni*, zwischendurch findet man auch kleinere kostenfreie Strandabschnitte.

Der Strand des Ortsteils **LE ROCCHETTE** stellt in nördlicher Richtung das Ende der Badebucht dar. Von bizarren Felsformationen wird die Bucht *Le Rocchette* eingerahmt. Der flache Sandstrand und das dank der geschützten Lage ruhige Wasser sind für Kinder ideal.

Ein Bootsausflug darf hier auf keinen Fall fehlen!

Mitten im Naturpark der Maremma liegt der vollkommen unberührte, 15 Kilometer lange Strand bei **MARINA DI ALBERESE**. Der von Pinien eingerahmte hellsandige Strand führt flach abfallend ins Wasser. Angeschwemmtes wie Äste, Algen oder Ähnliches bleibt einfach liegen. Noch nie hat der Mensch hier etwas verändert. Wir sehen hier das Meer, wie es sich sein Aussehen selbst gestaltet. Dieser Strand ist für Kinder wie Erwachsene ein ganz besonderes Erlebnis! Der öffentliche Parkplatz am Rand des Pinienwaldes ist kostenpflichtig und fasst nur ca. 250 Autos, danach bleibt die Schranke mit Zählmechanismus geschlossen. Wir können auch mit dem Fahrrad an den Strand. In **ALBARESE** gibt es eine Reihe von Verleihern.

TALAMONE ist einer der beeindruckendsten und malerischsten Orte im südlichen Teil der Küste. Die einstige Etruskerstadt liegt auf einem Felsen über dem Meer, der zur Gebirgskette Monti dell'Uccellina gehört. Heute ist Talamone ein beliebter Badeort, vor allem für Wassersportler. Eine antike Stadtmauer umgibt die bezaubernde kleine Altstadt mit schönen Gassen und guten Restaurants. Auf dem höchsten Punkt des Felsens thront die alte Burg aus dem 12. Jahrhundert mit einzigartigem Panoramablick über die Bucht. Von hier aus können wir den Wind- und Kitesurfern zuschauen, denn die Bucht vor **TALAMONE** ist ein absoluter Hotspot. Allein das lohnt bei kräftigem Wind einen Besuch des Ortes!

57 Sorano

Die Stadt auf dem Tuffsteinfelsen

Tuffstein bestimmt die Landschaft und Architektur von Sorano wenige Kilometer nördlich von Pitigliano. Der befestigte Fels Masso Leopoldino trägt die Burg der Herren von Sorano, der Aldobrandeschi. Diese Burg prägt den Ort, alle Häuser ducken sich im Schutz der mächtigen Festung.

Auf Terrassen schmiegen sich die wappengeschmückten Gebäude von Sorano über einem offenen Flusstal an den Fels. Der Weg in das historische Zentrum der Stadt mit den verwinkelten Gassen, historischen Häusern, Wohntürmen und romantischen Innenhöfen führt noch immer durch die alten Tore. Das Zentrum bildet die schöne Kollegiatkirche SAN NICCOLÒ.

An dem Tuffgrat, der das Tal begrenzt, errichteten die Etrusker im 3. Jh. v. Chr. die Nekropole von SAN ROCCO, die aus mehreren in den Tuff geschlagenen Grabkammern besteht.

Informationen: Parco degli Etruschi, Centro di accoglienza di Sorano, Tel. +39/0564/63 34 24
Anfahrt: Sorano liegt an der Provinzstraße von Pitigliano nach Santa Fiora
Informationen: Tel. +39/0564/61 40 67, www.comune.sorano.gr.it

Durch diese dunklen und tiefen Hohlwege erreichen wir vom Tal den Ort Sorano auf dem Felsen.

Spaziergang zur Via Cava di San Rocco

Mit Ausblick auf die Tufffelsen

Ein Hohlweg, die Via Cava di San Rocco, führt von Sorano aus bis Sovana. Wir können diesen auf einer kleinen Wanderung besuchen und herrliche Ausblicke von einer Aussichtsterrasse genießen.

Auf der SP 22 nach Sovana, ca. zwei Kilometer nach Sorano, liegt rechts ein kleiner Parkplatz mit dem Wegweiser *Insediamento rupestre di San Rocco*. Wir folgen dem Weg und erreichen bald die Kapelle des heiligen Rocco. Halten wir uns hier rechts auf dem Hauptweg, gelangen wir nach fünf Minuten zur Hochfläche bei einem Picknickplatz mit tollem Blick auf Sorano und die gewaltigen Tufffelsen, die wie aus dem tief eingeschnittenen Tal der Lente herausgeschnitten wirken. Am Ende des Plateaus führen ein paar Stufen zu einer Aussichtsterrasse. Kehren wir zum Kirchlein zurück, führt uns ein kleiner Weg hinter der Kirche zu der tief eingeschnittenen *Via Cava di San Rocco*. Die Etrusker haben diese Hohlwege geschlagen. Sie sind teilweise bis zu 15 m tief. Die Sonne dringt dort kaum durch und das Klima ist kühl und feucht in den Hohlwegen, selbst an den heißesten Sommertagen. Ihre genaue Bedeutung ist uns unbekannt. Der Eindruck ist aber auch nach so langer Zeit gewaltig.

Ein Teil Soranos mit dem Sasso Leopoldino.

Ausgangs-/Endpunkt: Parkplatz an der SP 22 Richtung Sovana
Weglänge: Sovana 1 km
Höhenmeter: Sovana 30 m
Gehzeit: Sovana 20 Min.
Tourencharakter: Leichter und kurzer Spaziergang
Alter: Ab 8 Jahre
Einkehr: Nur in Sorano

59 Pitigliano

Das kleine Jerusalem

Atemberaubend ist sowohl die Architektur als auch die Lage des malerischen Pitigliano. Zwischen engen Tälern ragt ein gewaltiger Tuffsteinfelsen empor, auf dessen Plateau die kleine Stadt mit ihren mittelalterlichen Häusern herausgewachsen zu sein scheint.

Sicher gibt es hier auch den »Bianco di Pitigliano«, ein herrlicher Tropfen.

Hoch oben am Rand des Plateaus stehen die historischen Häuser wie aus dem Tuffstein gehauen. Derart am Abgrund gebaut war eine Stadtmauer fast überflüssig, die strategische Lage ideal. Tore und Wehrtürme boten zusätzlich Schutz. Verschiedene kulturelle Einflüsse haben in der Stadt ihre Spuren hinterlassen. Etruskische Gräber, ein Aquädukt, Paläste und eine Synagoge bezeugen die bewegte Vergangenheit. Ab dem 14. Jahrhundert herrschte die Adelsfamilie Orsini, die im 17. Jahrhundert von den Medici abgelöst wurde.

Pitigliano hat sich seinen mittelalterlichen Charme vollständig bewahrt. Die engen Gassen der Stadt lassen keinen Autoverkehr zu. Lediglich die zahlreichen Dreiräder, die *Apes,* kurven durch die Gassen, um die Waren zwischen den Geschäften zu transportieren. Unterhalb der Stadt befinden sich in den Felsen gehauene Grabkeller, die heute noch

Anfahrt: An der SS 74 Maremmana zwischen Manciano und Latera gelegen
Öffnungszeiten: Di bis So 10.20–13 Uhr und 15–19 Uhr
Informationen: Tourist-Info, Piazza Garibaldi, Tel. +39/0564/61 71 11, www.tuttomanciano.com

zur Weinlagerung oder als Werkstätten und Ställe genutzt werden. Fast jedes Haus hat einen Keller, der schon zur Zeit der Etrusker in den weichen Felsen geschlagen wurde. Vereinzelt finden wir in den malerischen Gassen kleine und sehr gute Restaurants, die lokale Spezialitäten servieren.

Bemerkenswert ist die um 1535 in Pitigliano entstandene große jüdische Gemeinde. 1938 wurden alle Juden deportiert. Nur die Bibliothek und die Synagoge, die Bestandteil des heutigen Jüdischen Museums sind, blieben erhalten. Heute lebt wieder eine Handvoll Juden in der Stadt, die einmal *kleines Jerusalem* genannt wurde. In jedem Lebensmittelgeschäft von Pitigliano finden wir wieder den kosheren Wein *Piccola Gerusalemme*. Ungesäuertes Brot oder andere jüdische Gebäckspezialitäten bietet die Bäckerei *Panifico del Ghetto* in der Via Zuccarelli 167.

Im Osten befinden sich die Reste eines Aquädukts aus dem 16. Jahrhundert. Dahinter ragt der prächtige Palazzo der römischen Adelsfamilie Orsini auf, der heute noch Sitz des Bischofs ist.

Eigenwillig ist das **MUSEO DELLA CIVILTÀ GIUBBONAIA** oder **PITIGLIANO UNDERGROUND**. Es befindet sich im Kellerlabyrinth unterhalb der Festung und zeigt eine kuriose Sammlung aus Brauchtum und traditioneller Landwirtschaft.

Pitigliano scheint aus dem Tuff heraus zu wachsen, und gleichzeitig in ihn hinein zu wachsen. Die vielen Keller und Verbindungsgänge bilden quasi eine unterirdische Stadt.

60 Der archäologische Park von Sovana

Schnitzeljagd bei den Etruskern

Die Etrusker haben auch in der nahen Umgebung von Sovana beeindruckende Spuren ihrer Kultur hinterlassen. Die berühmten etruskischen Grabmale sowie der atmosphärische Hohlweg Cavone Etrusco gehören zu ihren herausragenden Denkmälern in der Toskana.

Der archäologische Park befindet sich etwas außerhalb der Stadt, in einem großen Waldgebiet an der Straße nach San Martino sul Fiora. Hinweisschilder am Straßenrand führen zu einem kostenlosen Parkplatz und dem Eingang. Am Pförtnerhaus kaufen wir das *Biglietto* und erhalten einen Lageplan. Den brauchen wir, da das Gelände weitläufig ist, aber einen schönen Rahmen zu einem ausgiebigen Spaziergang bietet.

Die Etrusker beerdigten ihre Toten in Gräbern, die sie in die Wände des weichen Tuffsteins schlugen. Die Nekropolen in Sovana zeichnen sich nicht nur durch ihre Größe aus, sondern vor allem durch den Formenreichtum ihrer Architektur. Die ältesten datieren auf das 7. Jahrhundert v. Chr., die meisten der hochentwickelten Nekropolen stammen aus dem 3. bis 2. Jahrhundert.

Sehr gut erhalten und gut zugänglich ist das als Tempel angelegte größte Grab bei Sovana, die **TOMBA DI ILDE-BRANDA** aus dem 3. Jahrhundert v. Chr. Die Grabanlage ist das größte noch erhaltene etruskische Tempelgrab. Es ist vermutlich um 200 v. Chr. entstanden und wurde zu Ehren des Mönches Hildebrand aus Sovana, dem späteren

Anfahrt: Vom Meer und der SS 1 Aurelia der SS 74 bis Manciano folgen, dort weiter Richtung Sorano, Sovana; von Siena und Norden folgt man der SR 2 Cassia bis Casciano dei bagni, dann links Richtung SP Ponte Siele und wieder links auf die SP Santa Fiora Pitigliano bis Sovana
Öffnungszeiten: November bis März geschlossen/frei, April bis Oktober 10–19 Uhr
Preise: Erwachsene 5 €, Kinder von 10 bis 14 Jahren 2,50 €, Kinder bis 10 Jahren frei
Informationen: Archäologischer Park von Sovana, Tel. +39/0564/61 40 74, www.leviecave.it

Etwa 300 Jahre vor Christus wusste man bereits so tolle Skulpturen zu gestalten. Leider vergaßen sie den Kopf!

Papst Gregor VII., so benannt. Die sichtbare Grabarchitektur wurde aus Tuff geschnitten und hat die Form eines Tempels mit ursprünglich sechs freistehenden Säulen an der Front und jeweils vier Säulen an den Seiten. Der Tempel war mit einer Putzschicht verkleidet und farbig bemalt. Einer der beiden Grabeingänge führt zu einer kreuzförmigen Grabkammer, die wohl für eine sehr bedeutende Person aus Sovana errichtet wurde.

Hundert Meter östlich der Tomba Ildebranda befindet sich die Nekropole **TOMBA DEL TIFONE**. Dies ist ein sogenanntes Ädikulagrab, d. h. es hat eine Umrahmung in Form einer Tempelfront mit Säulen und Giebeln. Ca. 300 Meter in westlicher Richtung liegt das Grabmal **TOMBA POLA**, das ebenfalls mit einer Tempelarchitektur versehen ist. Leider ist nur noch eine Säule übrig geblieben.

Auch die hochstehende Sonne des Sommers vermag nicht bis an den Grund des tief in den Tuffstein gegrabenen **CAVONE ETRUSCO** zu dringen. An diesem Hohlweg wurden Gräber in die Wände des Tuffs gehauen, die hoch über den Köpfen der heutigen Besucher liegen. Sie illustrieren sehr anschaulich, wie stark sich der Weg im Laufe der Zeit in den Tuff ge-

Die einzelne Grabanlage ist fast so groß wie eine kleine Stadt.

senkt hat. Noch vor dem Archäologischen Park befindet sich an der Straße von Sovana unmittelbar nach der Brücke links die **NEKROPOLE SAN SEBASTIANO**. Wenig besucht und damit verwilderter sind die Hohlwege hier noch spannender und teilweise auch noch tiefer eingeschnitten. Ein echter Abenteuerpark. Wir parken nach der Brücke links und gehen über eine kleine Brücke zur Kapelle des hl. Sebastian und zum Kartenhäuschen. Oberhalb des Kirchleins steigen wir kurz steil bergauf. Auf der Höhe rechts entdecken wir nach wenigen Metern einen beeindruckenden Hohlweg, den wir ganz durch bis zur Anhöhe durchwandern können. Wenden wir uns an der Gabelung links, kommen wir an einem überhängenden Felsen und einem Hohlweg vorbei und sehen einige in den Fels gehauene Gräber, darunter die **TOMBA DELLA SIRENA** mit schönen Reliefs.

Die Hohlwege sind wenig besucht und verwildert, also umso spannender zu entdecken!

61 Terme di Saturnia

Beheizter Gesundbrunnen im Freien

Die Thermalquellen von Saturnia sind weithin für ihre heilbringende Wirkung bekannt. Ein entspanntes Bad inmitten einer herrlichen Landschaft macht Saturnia zu einem beliebten Ausflugsziel, auch der Einheimischen.

Entspannung pur in den Thermalquellen

Saturnia war eine der ersten etruskischen Städte Italiens. Einige Überreste der Ringmauer aus etruskischer Zeit sind noch neben der **PORTA ROMANA** zu sehen. Der Ort ist heute ein kleines Dorf mit 600 Einwohnern und bietet sich für eine kurze Pause an. Die Burg befindet sich in Privatbesitz und ist nicht zu besichtigen.

Schon im Mittelalter schwärmt Dante in seiner Göttlichen Komödie von den Terme di Saturnia. Die heißen Schwefelquellen von Saturnia wirken heilsam auf Gelenke und Haut bei Rheuma und Arthrose und stärken allgemein das Wohlbefinden. Aus der Quelle sprudeln pro Sekunde 800 Liter schwefelhaltiges Heilwasser in angenehmen 37°C.

Die Attraktion Saturnias ist aber der Wasserfall ca. 4 Kilometer südlich des Dorfes. Reisen wir aus Manciano an, ist der Wasserfall neben einer restaurierten

Anfahrt: Zum Wasserfall von Saturnia ortsauswärts, am Wellnesscenter vorbei; kurz danach sehen wir bereits das dampfende Wasser des Baches, der über die Felder fließt; der Straße bis zur Linkskurve folgen; rechts in der ungeteerten Straße ist der Parkplatz
Informationen: Terme di Saturnia SPA & Golf Resort, 58014 Saturnia, Tel. +39/0564/60 01 11, www.termedisaturnia.it

Mühle bereits von der Straße aus zu sehen. Die Quelle entspringt einem Vulkankrater mit konstanten 37,5 Grad, mündet nach ca. 500 Meter in einen natürlichen Bach, den *Gorello*, und speist schließlich einen Wasserfall. Das Wasser stürzt die Felswand herunter, sammelt sich in einem Becken und fällt dann weiter in stufenförmige Sinterbecken. Dort können wir uns ganzjährig und zu jeder beliebigen Tages- oder Nachtzeit im heilsamen Schwefelwasser aalen.

Natürlich gibt es in Saturnia auch ein Kurzentrum mit umfangreichem Therapie- und Wellnessangebot. Das Thermalbad gehört zum 4-Sterne-Kurhotel **TERME DI SATURNIA SPA & GOLF RESORT** und darf auch von Gästen besucht werden, die nicht im Hotel wohnen. Die Schwimmbecken sind großzügig angelegt und bieten eine etwas komfortablere Variante des erholsamen Badens.

Herrlich! Tag und Nacht das ganze Jahr und für jedermann bei 37 Grad Wassertemperatur geöffnet!

62 Baratti und Populonia

Gräber, Schlacken und Sandstrand

Der Archäologische Park von Baratti und Populonia erstreckt sich von den Hängen des Vorgebirges bei Piombino bis zum Golf von Baratti. Die Etruskische Küste präsentiert sich hier von ihrer schönsten Seite. Etruskische Gräber liegen eingebettet in grüne Macchia, das tiefblaue Meer im Hintergrund.

Es ist tatsächlich ein Park, der die ehemalige Wehranlage, die Hochöfen und die Nekropolen umfasst. Ein gut beschilderter Rundweg führt durch die Geschichte der antiken Stadt. Zum Gelände gehört ein Besucherzentrum mit Buchhandlung, einem kleinen Restaurant mit Spielplatz sowie einem Experimentiergelände für Kinder. Populonia war eine der bedeutendsten etruskischen Städte und wurde im 7. Jahrhundert v. Chr. gegründet. Als einzige etruskische Stadt lag Populonia am Meer und verfügte über einen Hafen. Es war das größte Zentrum der Eisenverarbeitung im gesamten Mittelmeerraum. Populonia war in eine Unterstadt und eine Oberstadt aufgeteilt, d.h. in den Hafen mit den metallverarbeitenden Betrieben außerhalb der Stadtmauern und die Akropolis auf dem Gipfel des Vorgebirges mit Wohnsiedlungen und Tempeln.

Anfahrt: Von Norden auf der SS 1 Aurelia Livorno Rom über die Ausfahrt S. Vincenzo Sud und die SP della Principessa, von Süden über die Ausfahrt Venturina und die SS 298 Richtung Piombino und die SP della Principessa; dort ausgeschildert

Öffnungszeiten: Park: im Winter nur am Wochenende von 10–17 Uhr, Frühjahr/Herbst Di bis So von 10–18 Uhr, Sommer täglich von 9.30–19 Uhr; Museum: Frühjahr und Herbst Di bis So von 10–18 Uhr, Sommer täglich von 9.30–19 Uhr.

Preise: Park: Erwachsene 10 €, Kinder bis 14 Jahre 7 €, Kinder bis 6 Jahre frei; Museum: Erwachsene 7 €, Kinder bis 14 Jahre 5 €, Kinder bis 6 Jahre frei

Informationen: Archäologischer Park von Baratti und Populonia, Località Baratti, 57025 Piombino; Archäologisches Museum, Piazza Cittadella 8, 57025 Piombino, www.parchivaldicornia.it

Populonia geriet durch die römische Eroberung und das Verbot, innerhalb Italiens Erz zu gewinnen, in Vergessenheit. Es wäre auch vergessen geblieben, wenn nicht in der Folge des Ersten Weltkrieges die Schlacken, die durch die mangelhafte Technik noch über 50 Prozent Eisenanteil hatten, abgebaut und ihrerseits wieder zu den Hochöfen auf Elba gebracht worden wären. Beim Abbau der Schlacken fand man zufällig die Nekropolen. Die Etrusker wussten nicht mehr wohin mit den Schlacken und verteilten sie auch über die Gräberstadt. Es waren ja auch ungefähr zweihunderttausend Kubikmeter! Das Ausgrabungsgelände besteht aus drei Teilen: den Nekropolen, dem Industrieviertel und der Akropolis. Die **AKROPOLIS** ist mit der Industriestadt und den Nekropolen durch ein Netz von Wegen verbunden, die sich auf den ersten Hügeln erstrecken, die die Bucht umschließen. Die Wege folgen immer noch den gepflasterten

Im traumhaften Golf von Baratti (oben) wird das Wasser nur gaaanz langsam tiefer, schöner geht es nicht für Kinder.

HEY KIDS,
am Weg gibt es Korkeichen, die man schälen kann. Taschenmesser nicht vergessen!

179

Straßen durch die Macchia, unerwartet öffnen sich Ausblicke auf den Golf von Baratti oder die Insel Elba. Genauso unerwartet erreichen wir alte Steinbrüche, Gräber und Totenstädte und erleben tolle Wanderungen zwischen Natur und antiker Kultur. Für die Wege benötigt man jeweils ungefähr eine halbe Stunde.

Die **NEKROPOLIS VON SAN CERBONE** befindet sich unmittelbar in der Nähe des Besucherzentrums. Zu sehen sind die Hügel- und Ädikulagräber von Populonia, in die man auch hineinkriechen kann und die die Entwicklung der Grabarchitektur zeigen.

Die **VIA DELLE CAVE** führt durch einen dichten Wald mit antiken Gräbern und Steinbrüchen, in welchen der für die Bauten verwendete Stein geschlagen wurde. Heute noch sehen wir die Spuren der Meißel. Auf den Hügeln erstreckt sich eine Nekropolis mit in den Fels gehauenen Kammergräbern.

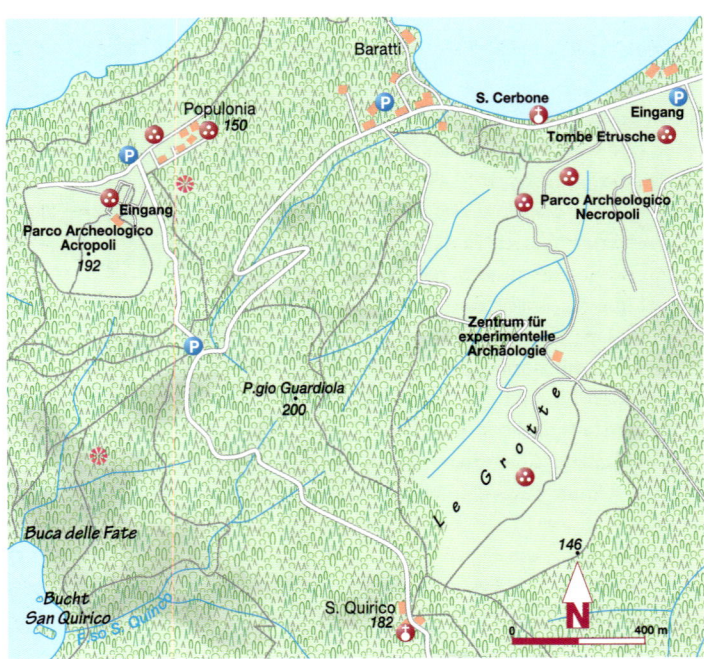

Der Autor, Wolfgang Benicke recherchiert gründlich ein etruskisches Tumulusgrab.

Auf dem Weg zur Grotten-Nekropolis treffen wir auf das **ZENTRUM FÜR EXPERIMENTELLE ARCHÄOLOGIE**, in welchem die antiken Techniken nachgestellt werden. Zwei Archäologen führen vor, wie in der Antike Gegenstände des täglichen Lebens manuell hergestellt wurden. Das Zentrum für experimentelle Archäologie ist an den Wochenenden der Frühlingsmonate und in den Sommermonaten täglich geöffnet.

Wenn gerade gearbeitet wird, können wir einige Experimente hautnah miterleben: So wird Geschirr mit Werkzeugen aus Holz, Knochen und Metall hergestellt. Daneben zeigen die Archäologen die Bearbeitung von Stein durch Glätten oder wie mithilfe von Knochen, Holz und Speckstein Perlen oder Anhänger gebastelt werden können.

Das **ARCHÄOLOGISCHE MUSEUM** des Parks befindet sich im historischen Zentrum von Piombino, innerhalb der befestigten Zitadelle im Palazzo Nuovo. Themenschwerpunkt des Museums ist das Verhältnis der Menschen zu ihrer Umgebung im Hinblick auf Eisenerzabbau und -verarbeitung.

63 Parco Naturale della Maremma

Auf Safari in Italien

Eindrucksvoll und trotz ihrer langen Hörner ungefährlich.

Wer das Naturschutzgebiet der Maremma besucht, versteht, warum die Maremma als die wilde Seite der Toskana gilt. Zeitweise ist nicht ganz klar, ob wir uns noch in Italien oder bereits in Afrika oder im Wilden Westen befinden.

Der Parco Naturale della Maremma befindet sich südlich von Grosseto und erstreckt sich auf rund 100 Quadratkilometern entlang der Küste zwischen *Principina a Mare* im Norden und *Talamone* im Süden. Geprägt wird das Landschaftsbild des Parco dell'Uccellina, wie der Park umgangssprachlich auch genannt wird, von bewirtschafteten Weiden-, Pinien- und Steineichenwäldern, trockengelegten

Anfahrt: Zum Besucherzentrum in Albarese auf der SS 1 Aurelia bis zur Ausfahrt Alberese, rechts ausgeschildert bis Alberese und zum Parco Naturale della Maremma; zum Besucherzentrum in Talamone von der SS 1 Roma Grosseto bis zur Ausfahrt Fonteblanda, weiter in Richtung Talamone und zur Ortschaft Caprarecce Talamone ausgeschildert; das Besucherzentrum Collecchio ist direkt an der SS 1 Aurelia an der Ausfahrt Colechhio Magliano in Toscana gelegen
Öffnungszeiten: Besucherzentrum in Talamone nur im Frühling und Sommer geöffnet
Preise: Parkplatz 2 €, kostenpflichtig bis 18 Uhr
Informationen: Parco naturale della Maremma – Maremma Naturpark, Via Bersagliere 7/9, 58100 Alberese Grosseto; Besucherzentrum Albarese, Via del Bersagliere 7/9, Albarese, Tel. +39/0564/40 70 98; Besucherzentrum Talamone, Via Nizza 12, Talamone, 58010 Orbetello; Besucherzentrum Collecchio, ex scuola Loc. Collecchio, 58051 Magliano in Toscana, www.parco-maremma.it

Die wild lebenden weißen Maremma-Rinder streifen den lieben langen Tag ganz für sich durch den Park.

Sümpfen und dem im Hintergrund liegenden Gebirgszug *Monti dell'Uccelina*.

Hier begegnen wir Wildschweinen, Wildpferden, Hirschen und frei laufenden Maremma-Rindern, beobachten Reiher und Bussarde und bewegen uns durch eine Landschaft aus Sümpfen, felsigen Küsten, wilden Stränden, Wanderdünen und der charakteristischen **MACCHIA**, einer Vegetation aus Schirmpinien und Steineichen. Dazwischen ragen Ruinen von Wehrtürmen aus dem 14. Jahrhundert hervor, die die Küste gegen die Überfälle der Sarazenen schützen sollten.

Ausgangspunkt für die Ausflüge ist das Besucherzentrum in **ALBERESE**, einem Ort am Rand des Naturparks. Von hier aus können wir zu Fuß zum Strand *Marina di Alberese* wandern und dann das Gebiet weiter erkunden oder einen Bus zu einem der markierten Wanderwege nehmen. Über das Besucherzentrum können außerdem geführte Rundgänge, Kanufahrten, Nachtwanderungen, Vogelbeobachtungstouren und Reitausflüge gebucht werden.

64 Natur erleben in der Maremma

Zu Fuß, mit dem Kanu oder zu Pferd

Eine besondere Art, das Naturschutzgebiet kennenzulernen bietet die Kooperative Silva. Sie organisiert Ausflüge zu Pferd, im Kanu und auf dem Fahrrad durch den Naturpark. Lauffaule dürfen mit der Kutsche fahren.

Zu PFERD geht es über verschiedene Routen entweder ans Meer oder zu bestimmten Stellen im Park, wo wir Wildschweine oder Raubvögel beobachten können. Der Rundkurs *Romitorio* dauert zwei Stunden und führt zu einem alten Korkeichenwald. Der dreistündige Ausritt führt zur stimmungsvollen verlassenen Abtei San Rabano. Für erfahrene Reiter gibt es Ganztagesausflüge zu verschiedenen Punkten im Park durch die Macchia bis zum Fluss Ombrone.

Auf dem Fluss Ombrone, der hier ins Meer mündet, organisiert die Kooperative Silva ca. dreistündige Ausflüge in KANUS. Die Kanutour beginnt im Ort La Barca, in der Nähe von Albarese und führt in das Mündungsge-

Anfahrt: Von der SS1 Aurelia sieben Kilometer nach Grosseto, Ausfahrt Rispescia – Alberese – Parco Naturale della Maremma bis Alberese, Marina Albarese ist ab Alberese ausgeschildert; Ausgangs- und Endpunkt aller Touren ist immer am Besucherzentrum

Preise: Ausflüge zu Pferd: Tour Romitorio für Anfänger, 2 Std. 29 €, Tour San Rabano für Geübte, 3 Std. 37 €; Geführte Touren, 2–5 Std. von einfach bis mittel, Erwachsene 10 €, Kinder und Jugendliche von 6 bis 14 Jahren 5 €; Geführte Touren nachts, 3 Std. einfach, Erwachsene 15 €, Kinder und Jugendliche von 6 bis 14 Jahren 12 €; Ausflüge im Kanu, 3 Std. Erwachsene 16 €, Kinder bis 14 Jahre 8 €, Ganztagestour Erwachsene 26 €, Kinder bis 14 Jahre 11 €; Nachtausflüge im Kanu, 2 Std. Erwachsene 20 €, Kinder und Jugendliche von 6 bis 14 Jahren 10 € ab 10 Teilnehmer; Fahrradverleih pro Stunde 3 €, ganzer Tag 8 €

Informationen: Parco naturale della Maremma – Maremma Naturpark, Via Bersagliere 7/9, 58100 Alberese Grosseto, www.parco-maremma.it

Hautnah, wie einst, auf dem Rücken der Pferde die Maremma erkunden ...

biet des Ombrone, eine fast unberührte Sumpflandschaft. Wasservögel, Wasserbüffel und wilde Pferde sehen wir hier und in der Nähe des Ortes Spolverino stehen die Reste einer römischen Brücke, genannt *die Teufelsbrücke*.

Die Ausflüge mit dem **FAHRRAD** führen unmittelbar zur Mündung des Ombrone auf kleinen Wegen durch den Dschungel der Flussufer. Diese Touren kann man auch problemlos auf eigene Faust unternehmen. Außerdem gibt es eine Reihe von geführten **WANDERUNGEN** zu verschiedenen Zielen im Park, sowie Themenwanderungen wie beispielsweise Birdwatching. Für die Wandertouren wird auf festes Schuhwerk, Mütze und Verpflegung seitens der Führer größten Wert gelegt.

Ein besonderes Angebot und Erlebnis sind geführte Touren in der Nacht, wenn die Maremma ihr Kleid wechselt. Im Mondlicht erleben wir die Gerüche, die Tiere und die Geräusche der Natur ganz anders. Diese Touren gehören zu den eindrucksvollsten Erlebnissen in der Maremma. Die Führer zeigen uns Dinge und Tiere, die wir allein nie gesehen hätten. Auch mit dem Kanu bietet die Kooperative nächtliche Touren an, die vielleicht zum Stimmungsvollsten gehören, was wir hier erleben können.

Kleiner Sprachführer

Italiener freuen sich sehr, wenn wir sie auf Italienisch etwas fragen und denken dann sofort, dass wir alles verstehen. Dementsprechend antworten sie dann wortreich.

C und g werden vor i und e generell als »*Tschi*« gesprochen, vor a, h, o und u als »*K*«.

HÖFLICHKEITEN

Guten Morgen / Guten Tag! *Buon giorno!*

Guten Abend! *Buona sera!*

Gute Nacht! *Buona notte!*

Wie geht es Ihnen/dir? *Come sta/stai?*

Gut, danke! *Bene, grazie!*

Wie heißen Sie/heißt du? *Come si chiama? Come ti chiami?*

Ich heiße … *Mi chiamo …*

Bitte! (wenn man etwas gibt) *Prego!*

Bitte! (wenn man um etwas bittet) *Per favore! Per piacere!*

Danke! *Grazie!*

Macht nichts! *Non fa niente.*

Entschuldigung! *Mi scusi!*

Entschuldige! *Scusa!*

Tut mir leid! *Mi dispiace!*

Auf Wiedersehen! *Arrivederci!*

Sprechen Sie Deutsch (oder Englisch)? *Parla tedesco (o inglese)?*

WENN ES UNTERWEGS MAL DRINGEND IST

Gibt es eine Toilette? *C'è un bagno?*

Wo ist die Toilette? *Dov'è il bagno?*

Wo kann ich die Windel wechseln? *Dove posso cambiare il pannolino?*

Haben Sie einen Wickeltisch? *C'è un fasciatoio?*

Ich brauche Hilfe. *Ho bisogno di aiuto.*

Ich habe mich/wir haben uns verlaufen. *Mi sono perso./Ci siamo persi.*

IM ZUG UND IM BUS

Werktag/Feiertag *feriale/festivo*

Wie viel kostet eine Fahrkarte nach …? *Quanto costa un biglietto per …?*

Das Kind ist … Jahre alt. *Il ragazzo/la ragazza ha … anni.*

Eine … Fahrkarte(n) nach … bitte. *Un … biglietto per … per favore.*

Ist das der Zug/Bus nach …? *È questo il treno/bus per …?*

Wann fährt der Zug/Bus nach …? *Quando parte il treno/pullman per…?*

IN DER STADT

Wie komme ich …? *Come arrivo …?*

… zum Bahnhof? *… alla stazione?*

… zur Haltestelle von Bus Nummer …? *… alla fermata dell` autobus numero …?*

… zum Zentrum? *… al centro?*

… Krankenhaus? *… all'ospedale?*

Briefmarken, *francobolli* gibt es beim *Tabacchi* und kosten 85 Cent.

1, 2, 3 Briefmarken nach Deutschland, bitte. *Uno, due, tre francobolli per la Germania, per favore.*

Wo ist ein Briefkasten? *Dov'è una buca lettere?*

Wo finde ich einen Geldautomaten? *Dove posso trovare un Bancomat?*

Eine typische Toskana-Landschaft mit wildem Mohn

IM HOTEL

Haben Sie ein Zimmer frei? *Avete una stanza libera?*
Gibt es im Zimmer ... *Nella camera c'è ...*
... noch eine Decke *... un altra coperta*
... ein Kinderbett *... una culla?*
Können wir das Zimmer anschauen? *Possiamo vedere la camera?*

IM RESTAURANT

Haben Sie einen Tisch für uns? Wir sind ... Personen! *Siamo in ...! C'è un tavolo libero?*
Haben Sie einen Kindersitz? *C'è un seggiolino?*
Könnten wir die Speisekarte haben? *Ci portirebbe il menù, per piacere?*
Ich bin Vegetarier. *Sono vegetariano/a.*

Könnte ich ein Glas/eine Flasche ... haben? *Potrei avere un bicchiere/una bottiglia di ...*
... Saft *... succo di frutta*
... Rotwein/Weißwein *... vino rosso/bianco*
... Wasser *... acqua*
Ein kleines/großes Bier vom Fass/aus der Flasche *Una birra piccola/media alla spina/in bottiglia*
Können Sie mir das Fläschchen (Milch)/Gläschen warm machen? *Mi riscaldi il biberon/la pappa, per favore?*
Eine halbe Portion bitte. *Una mezza porzione per favore.*
Es war gut/lecker. *Era buono/delizioso.*
Die Rechnung, bitte! *Il conto, per favore!*

IM LADEN

Wie viel kostet das? *Quanto costa questo?*
Kann ich eine Tüte haben? *Potrei avere un sacchetto/una busta, per piacere?*

Ich benötige ... *Ho bisogno di ...*
... eine Zahnpaste *... un dentifricio*
... eine Zahnbürste *... uno spazzolino da denti*

... Seife *... sapone*
... Shampoo *... shampoo*
... Tampons *... tamponi*
... Windeln *... pannolini*
... Pflaster *... cerrotto*
... Sonnencreme *... crema solare*
... Schnuller *... un giuccio*
... Babynahrung *... una pappa*
... Fläschchen *... un biberon*

IM AUTO

Wo ist ...? *Dov'è ...?*
Wie kommen wir nach ... *Come arriviamo a ...?*
Könnten Sie es mir auf der Karte zeigen? *Me lo potrebbe mostrare sulla mappa?*
Nach links/rechts abbiegen. *Gira a sinistra/a destra.*
Immer geradeaus *Sempre dritto*
Volltanken, bitte! *Mi faccia il pieno, per favore.*
Kann ich nicht einfach das Bußgeld jetzt bezahlen? *Posso pagare semplicemente la multa adesso?*

KRANKHEIT UND UNWOHLSEIN

Entschuldigung, wo ist eine Apotheke? *Mi scusi, dov'è una farmacia?*
Ich brauche einen Arzt. *Ho bisogno di un medico.*
Das Kind hat sich verletzt. *Il bambino/la bambina si è ferito/a.*
Ihm/ihr ist schlecht. *Si sente male.*

Das Kind hat ... *Il ragazzo/la ragazza ha ...*
... Husten *... la tosse*
... Halsweh *... mal di gola*
... Bauchweh *... mal di pancia*
... Zahnweh *... mal di denti*
... Durchfall *... soffre di Diarrea*
... sich erkältet *... si è raffreddato/a*

189

Register

Impressum

Verantwortlich: Sabine Klingan
Redaktion: Christian Schneider
Umschlaggestaltung: Karin Vollmer
Layout: Eva-Maria Klaffenböck

Repro: Cromika, Verona
Kartografie: Heidi Schmalfuß
Herstellung: Barbara Uhlig
Printed in Italy by Printer Trento

Sind Sie mit diesem Titel zufrieden? Dann würden wir uns über Ihre Weiterempfehlung freuen. Erzählen Sie es im Freundeskreis, berichten Sie Ihrem Buchhändler, oder bewerten Sie bei Onlinekauf. Und wenn Sie Kritik, Korrekturen, Aktualisierungen haben, freuen wir uns über Ihre Nachricht an Bruckmann Verlag, Postfach 40 02 09, D-80702 München oder per E-Mail an lektorat@verlagshaus.de.

Unser komplettes Programm finden Sie unter 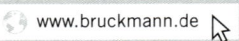 www.bruckmann.de

Autorenempfehlung
Sie sind auf der Suche nach weiterführender Literatur? Dann empfehle ich Ihnen den Titel »Reisebuch Toskana« von Monika Kellermann und Thilo Weimar.
Ihr Wolfgang Benicke und Ihre Andrea Kampmann

Bildnachweis: Alle Bilder stammen von Wolfgang Benicke und Andrea Kampmann, außer: S. 30: Familienmuseum Associazione MUS.E; S. 37 o.: I, Sailko [GFDL (http://www.gnu.org/copyleft/fdl.html) oder CC-BY-SA-3.0 (http://creativecommons.org/licenses/by-sa/3.0)], via Wikimedia Commons, u.: Daderot. (Eigenes Werk) [GFDL (http://www.gnu.org/copyleft/fdl.html) oder CC-BY-SA-3.0 (http://creativecommons.org/licenses/by-sa/3.0/)], via Wikimedia Commons; S. 38: I, Sailko [GFDL (http://www.gnu.org/copyleft/fdl.html) or CC-BY-SA-3.0 (http://creativecommons.org/licenses/by-sa/3.0)], via Wikimedia Commons; S. 39: Giardino dei Semplici; S. 58/59: Parco Preistorico; S. 63: Shutterstock/PhotoGraphyca; S. 65: By Marcoverolebozzello (Own work) [GFDL (http://www.gnu.org/copyleft/fdl.html) or CC-BY-SA-3.0-2.5-2.0-1.0 (http://creativecommons.org/licenses/by-sa/3.0)], via Wikimedia Commons; S. 66: By Davide Papalini (Own work) [CC-BY-SA-3.0 (http://creativecommons.org/licenses/by-sa/3.0)], via Wikimedia Commons; S. 67: Piccolo Mondo; S. 79: Cavallino Matto; S. 83: Shutterstock/Mixov; S. 84: Shutterstock/HABRDA; S. 85: Alberto Mauri; S. 86: Lucio Sabbadini; S. 97: Shutterstock/tratong; S. 100 r.: Shutterstock/Botond Horvath; S. 102, 103: Parco Sculture del Chianti; S. 104: Shutterstock/Neil Burton; S. 105 o.: Shutterstock/Serguei Koultchitskii, u.: Shutterstock/taraki; S. 110: Shutterstock/wjarek; S. 126: By Combusken (Own work) [CC-BY-SA-3.0 (http://creativecommons.org/licenses/by-sa/3.0) or GFDL (http://www.gnu.org/copyleft/fdl.html)], via Wikimedia Commons; S. 149: Fondazione Il Giardino di Daniel Spoerri; S. 151 o.: von Kweedado2 (Eigenes Werk) [Public domain], via Wikimedia Commons, u.: von Tubantia (Eigenes Werk) [GFDL (http://www.gnu.org/copyleft/fdl.html) oder CC-BY-SA-3.0-2.5-2.0-1.0 (http://creativecommons.org/licenses/by-sa/3.0)], via Wikimedia Commons; S. 155: Shutterstock/niepo; S. 156: Shutterstock/Drimi; S. 176: Shutterstock/Alfredo Ragazzoni; S. 177: © Raimond Spekking /CC BY-SA-3.0 (via Wikimedia Commons), via Wikimedia Commons.

Umschlagvorderseite: Oben: Der schiefe Turm von Pisa (mauritius images/imagebroker/ib), Unten: Pinocchiopark (s. Tour 11), Blick auf Florenz, Strandleben
Umschlagrückseite: Es kann losgehen! Die wichtigsten Dinge für den Strand haben wir! Delfin und LuMa! Seite 1: Kletterspaß an den Felsen am Strand der Feenbucht

Die Deutsche Nationalbibliothek verzeichnet diese Publikation in der Deutschen Nationalbibliografie; detaillierte bibliografische Daten sind im Internet über http://dnb.d-nb.de abrufbar.